基于跨越式发展的兵团"三化"协调发展研究

徐秋艳 著

中国水利水电出版社
www.waterpub.com.cn

内 容 提 要

本书首先从"三化"协调发展的内涵及理论基础出发,通过"三化"(工业化、农业化、城镇现代化)协调发展对兵团经济发展的贡献分析、"三化"发展的历程及其发展的现状分析,初步探讨"三化"协调发展存在的问题及其协同推进面临的挑战,然后以系统协调的理论出发,通过构建"三化"协调发展的指标体系,以熵权法为客观赋权的方式对系统协调度评价模型进行分析;最后,结合一市一镇的"三化"建设的典型个案分析,进一步探究"三化"协调发展的内在机理,从而针对性提出了促进"三化"协调发展的战略思路、内在要求、突破口、配套工作及协调发展议事协调管理机制,以期实现兵团的跨越式发展。

图书在版编目(CIP)数据

基于跨越式发展的兵团"三化"协调发展研究 / 徐秋艳著. -- 北京:中国水利水电出版社,2015.5(2022.9重印)
ISBN 978-7-5170-3140-6

Ⅰ. ①基… Ⅱ. ①徐… Ⅲ. ①生产建设兵团—城乡建设—研究—新疆 Ⅳ. ①F324.1②F327.45

中国版本图书馆CIP数据核字(2015)第089101号

策划编辑:陈 洁　责任编辑:李 炎　加工编辑:张 蕾　封面设计:李 佳

书　名	**基于跨越式发展的兵团"三化"协调发展研究**
作　者	徐秋艳　著
出版发行	中国水利水电出版社 (北京市海淀区玉渊潭南路1号D座　100038) 网址:www.waterpub.com.cn E-mail:mchannel@263.net(万水) 　　　　sales@mwr.gov.cn 电话:(010)68545888(营销中心)、82562819(万水)
经　售	北京科水图书销售有限公司 电话:(010)63202643、68545874 全国各地新华书店和相关出版物销售网点
排　版	北京万水电子信息有限公司
印　刷	天津光之彩印刷有限公司
规　格	170mm×227mm　16开本　12.25印张　161千字
版　次	2015年5月第1版　2022年9月第2次印刷
定　价	42.00元

凡购买我社图书,如有缺页、倒页、脱页的,本社发行部负责调换

版权所有·侵权必究

前　言

兵团是新疆维稳的重要力量。新时期，只有牢牢把握科学发展、跨越式发展的第一要务，进一步夯实兵团经济综合实力，才能为长治久安奠定坚实的物质基础，才能更有效发挥兵团"三大作用"。基于兵团自然资源的稀缺性，要夯实兵团的综合实力，实行"两大战略"与"三化"建设策略是符合兵团发展实际的。所以深入系统研究"三化"建设中经济发展的关系，是梳理兵团经济社会发展思路、提高经济增长质量的重要环节，是搭建平台与重点突破发展瓶颈的成果引领的具体体现；有利于兵团根据政策导向将有限资源配置于"三化"中，对于优化资源配置、提高资源利用效率、增强兵团竞争力意义重大；对于增强兵团自我发展能力，增强屯垦戍边事业凝聚力，壮大兵团屯垦戍边事业均具有重要的意义。

本书首先从"三化"协调发展的内涵及理论基础出发，通过"三化"协调发展对兵团经济发展的贡献分析、"三化"发展的历程及其发展的现状分析，初步探讨"三化"协同发展存在的问题及其协同推进面临的挑战；然后以系统协调的理论出发，通过构建"三化"协调发展的指标体系，以熵权法为客观赋权的方式，分别就天山北坡经济带五个师、南疆经济带四个师、边境经济带四个师、哈密特色经济区的十三师及兵团整体分别对系统协调度评价模型进行"三化"协调发展水平的时序特征、空间特征的协调度、协调发展度分析以及基于$GM(1,n)$模型的三化协调发展影响因素分析，从而进行"三化"协调发展的运行机制分析；最后，结合八师石河子市、石河子市总场北泉镇的"三化"建设的典型个案分析，对兵团"三化"建设产生启示和借鉴，并进一步探究"三化"协调发展的内在机理，从而有针对性地提出了促进"三化"协调发展的战略思路、内在要求、突破口、配套工作及协调发展议事协调管理机制，以期实现兵团的跨越式发展。

本书是在兵团软科学研究计划项目"基于跨越式发展的兵团'三化'协调发展研究"（项目编号：2013BB025）的研究成果基础上编纂而成的。参加本书调研和撰写工作的人员有徐秋艳、朱辉、张宜琳、何晓玲、杨静、王玥敏、张倩。

作者
2015 年 3 月

目　录

前言

第一部分　导论 ······ 1
一、兵团跨越式发展提出的背景 ······ 1
二、兵团跨越式发展的可行性 ······ 2
三、兵团"三化"协调发展，对实现跨越式发展的意义和价值 ······ 8
四、研究方法 ······ 11

第二部分　"三化"协调相关研究综述 ······ 12
一、关于跨越式发展的研究 ······ 12
二、关于"三化"协调发展的研究 ······ 12

第三部分　"三化"协调发展的相关理论及现状分析 ······ 25
一、"三化"协调发展的内涵分析 ······ 25
二、"三化"协调发展的理论基础 ······ 28
三、"三化"协调发展对经济发展的贡献 ······ 32
四、兵团"三化"意义及逻辑关系 ······ 34

第四部分　兵团"三化"协调性分析 ······ 51
一、系统协调的概念 ······ 51
二、"三化"协调发展的指标体系构建 ······ 53
三、"三化"协调性分析方法 ······ 61
四、"三化"协调发展运行机制分析 ······ 66

第五部分　"三化"建设的案例分析 ······ 129
案例分析一　八师石河子市"三化"建设典型性分析 ······ 129
一、八师石河子市概况 ······ 129
二、八师石河子市工业发展的历史和现状 ······ 130

三、石河子市"三化"建设的经验 …………………………………… 134
　　四、石河子市"三化"建设的经验概括和经验总结 …………………… 140
　　五、石河子市"三化"建设实践对兵团的启示 ………………………… 143
　案例分析二　石河子总场北泉镇"三化"建设的典型性分析 …………… 145
　　一、石河子总场北泉镇简介 …………………………………………… 145
　　二、石河子总场北泉镇建镇以来的"三化"建设 ……………………… 146
　　三、石河子市总场北泉镇"三化"建设的经验概括和经验总结 ……… 151
　　四、石河子总场北泉镇"三化"建设的经验借鉴和启示 ……………… 152
第六部分　兵团"三化"协调发展对策建议 …………………………… 156
　　一、明确"三化"协调发展战略思路 …………………………………… 156
　　二、把握"三化"协调发展内在要求 …………………………………… 157
　　三、找准"三化"协调发展新的助推器 ………………………………… 158
　　四、加强"三化"协调发展配套工作 …………………………………… 159
　　五、建立"三化"协调发展议事协调管理机制 ………………………… 160
附录 ………………………………………………………………………… 161
参考文献 …………………………………………………………………… 184

第一部分 导论

一、兵团跨越式发展提出的背景

中央新疆工作座谈会明确提出,要举全国之力,推进新疆实现跨越式发展和长治久安。兵团党委六届十次全委(扩大)会议深入贯彻党的十七届六中全会、中央经济工作会议和中央新疆工作座谈会精神,科学谋划兵团"十二五"规划,提出了一系列促进兵团跨越式发展和长治久安的战略举措。兵团党委要求以"三化"建设为重点,坚定不移地走城镇化、新型工业化和农业现代化道路,并且强调要把"三化"建设作为兵团跨越式发展的根本路径和转变经济发展方式的主要抓手。

进入新世纪新阶段,兵团力推"三化"进程——即以城镇化为载体,以新型工业化为支撑,以农业现代化为基础,丰富屯垦内容,转变发展方式,着力提高兵团综合实力和竞争力,提高兵团在自治区经济中的份额和地位。2010年9月,在兵团党委召开的六届五次全委(扩大)会议上,新疆维吾尔自治区党委副书记、兵团党委书记、政委车俊的表态掷地有声:"'三化'建设是党中央对我们的要求,也是兵团实现跨越式发展的根本路径。""十二五"期间兵团跨越式发展和长治久安的目标[1]任务已经明确:综合实力明显增强,经济结构明显优化,职工群众生活明显改善,生态文明程度明显提高,维稳戍边能力明显加强。要实现这些目标,

---

[1] 本刊报道. 跨越式发展. 长治久安[J]. 兵团建设,2012(2).

兵团各级要主动工作、高效运转、科学统筹、形成合力，加快推进兵团城镇化、新型工业化、农业现代化进程，着力保障和改善民生，加强基础设施建设和维稳能力建设，全力做好对口支援工作，进一步扩大对内和对外开放。

二、兵团跨越式发展的可行性

兵团跨越式发展不仅具有比较优势，还具有不可或缺的后发优势。下面从兵团竞争的优势和劣势两个方面分析兵团跨越式发展的可行性。

（一）兵团竞争优势

1. **自我发展能力优势**

经过近30多年的不懈努力，兵团自我发展能力不断增强，在经济发展实力、经济发展环境、经济发展潜力、经济发展结构等方面都有明显的提升，与自治区跨越式发展水平差距逐渐缩小，自我发展能力的提升为未来兵团实现跨越式发展奠定了良好的基础。兵团的人均指标和历年来固定资产投资额增长速度、人均社会消费品零售总额均超越自治区，每万人床位数、医生数和高校学生数等相对指标值远远超过自治区，可见虽然因为兵团规模不足，综合实力不如自治区，但其自我发展能力很高。尤其在"三化"方面的成就，作为现代化农业领头人，机械化、产业化和规模化均走在了全国的前列，兵团人均有效灌溉面积、播种面积是自治区的2倍左右；工业方面也发展迅速。目前，兵团已形成国家、自治区、兵、师、团多级各类开发区、兵地共建工业园区共同发展的格局；兵团大力建设小城镇，石河子、五家渠、阿拉尔、图木舒克、北屯等城镇的崛起，形成了人口、资源、产业、资金和文化的集聚，职工生活水平显著改善，各项社会事业蓬勃发展。

2. **自我发展速度优势**

通过兵团经济跨越式发展现状占自治区比例发现，近年来兵团的经济发展实力、经济发展环境和经济发展结构的发展速度明显超越自治区。尤其是经济发实力，兵团占自治区比例由2001年的27%增长到2011年的54%，翻了一倍，实现了十六大提出的"到2020年翻两倍"目标的一半，这与兵团在西部大开发和对口援疆机遇下生产总值、固定资产投资额的增长有很大关系。目前兵团经济发展已经到了一定阶段，结构调整初显成效，产业结构不断优化，尤其是工业结构的优化，已经由以前的轻工业化模式进入重工业化以及对工业产品需求弹性大的高附加值行业，能够更好更快地积累资金，增强兵团的经济实力。兵团改变以往工业经济附属于农业的地位，使兵团工业成为实现兵团经济跨越式发展的主导力量，对于巩固兵团发展的战略地位，维护边疆稳定具有重要意义。

3. 发展环境优势

进一步分析兵团与自治区经济发展环境差异属性值大小得知，1997年以来兵团经济发展环境超越自治区。兵团基础设施建设齐全，道路交通、水利设施、社会保障等相对指标值远远超过自治区，这跟国家政策给予兵团发展的外部优良环境有很大关系。1981年，国家决定恢复兵团建制；1990年，兵团国民经济和社会发展计划在国家单列；1996年、1997年和2007年，党中央、国务院连续下发关于加强兵团工作的重要文件，指出国家对边疆地区的支持政策同样适用于兵团。同时中央财政根据兵团的特殊性，进一步加大了综合财力补助力度，拓宽了投资渠道，给兵团经济跨越式发展注入了新的生机和活力。新亚欧大陆桥和新疆天山北坡经济带的形成，加快了兵团工业化和城镇化的进程，兵团基础设施建设和生态建设取得良好成绩；随着国内产业结构调整升级，兵团把石河子市、阿拉尔市、五家渠市和图木舒克市作为兵团承接东部产业转移的重要基地，实现地区结构调整，加快了工业化进程。

4. 集团组织优势

兵团是一支"生产队、工作队、战斗队"，有着"党政军企合一"的多功能体制，这种特殊体制使兵团人能令行禁止，有强烈的责任感。兵团保持着集团化管理，能够有效地集中资源，对需要引进的先进技术，经过统一决策就能够迅速普及，形成兵团决策成本和实施成本较低的独特集团组织优势，有利于各种先进技术的快速推广。兵团的这种集团化组织战略在市场经济以及我国加入 WTO 后的国际化竞争环境中具有较强的优势，可以及时、快捷地对资源要素进行优化配置和经济调控，也是兵团最大的潜在优势。

5. 机遇优势[②]

近年来兵团经济和社会发展面临了许多难得的机遇。第一个机遇是十八大召开的机遇，科学发展观作为兵团经济社会发展的重要指导方针，确保兵团经济和社会实现又好又快的发展。第二个机遇是习近平总书记 2015 年 2 月在中央财经领导小组第九次会议中指出推近"城镇化"不是搞成"城乡成一律化"；城乡公共基础设备投资潜力巨大，要加快改革和创新投融资体制机制；保障粮食安全，加快转变农业发展方式，推进农业现代化，既要实现眼前的粮食产量稳定，又要形成新的竞争力，注重可持续性，增强政策精准性。第三个机遇是在 2015 年正式上报国家的新疆兵团"十三五"规划基本思路中指出坚持走新型城镇化道路。第四个机遇是市场需求的机遇。第五个机遇是建设生态文明的机遇，把防沙、治沙与荒漠地、撂荒地、盐碱地的利用和职工致富结合起来。第六个机遇是东部产业梯次向西部转移的机遇，加速兵团企业改制，加速结构调整，加速企业发展。第七个机遇是自治区出台了税收返还政策，并给予兵团有力的资源支持。第八个机遇是西部大开发背景下对口援疆政策的提出，加快了兵团经济发展。第九个机遇是中央新疆兵团工作座谈会，为兵团发展指明了方向、理清了思路，并提供了特殊的政策支持，正是这些机遇奠定了兵团发展过程中的潜力。

---

② 胡兆璋.《抓住机遇加快兵团经济和社会发展步伐》.新疆农垦经济，2008(5) .

6. 后发优势

兵团与蒙古、哈萨克斯坦、吉尔吉斯斯坦 3 国接壤，管辖的国界线有 2019 千米，现已与 131 个国家和地区建立了经贸关系，与 20 多个国家和地区开展了经济技术合作。新疆的甘草面积和产量居全国首位，兵团拥有甘草面积 2.67 万公顷；新疆的胡杨林面积占全国胡杨林面积的 95%，兵团管辖的胡杨林面积为 4 万公顷。兵团依托新疆独特的自然景观和多姿多彩的民族风情，大力开发军垦文化、工农业示范点、红色旅游、农业观光等具有独特文化内涵的旅游资源。此外以棉花、番茄制品为代表的一大批"兵团制造"优质产品已经在国内乃至世界市场占有重要地位。兵团在经济社会领域取得的巨大成就提升了兵团形象，在新疆经济建设、社会稳定和维护祖国统一中突显了兵团力量。

（二）兵团竞争劣势

1. 兵团经济总量偏小

兵团总体发展迅速，但其经济总量与自治区甚至是东部发达地区相比还有很大的差异。兵团的经济总量规模偏小，主要原因有人才资源不足、资金链短缺、基础设施薄弱、交通运输落后等。影响兵团跨越式发展水平的经济发展潜力不足，最主要原因是人口总量偏小，致使生产力不足，最终削弱了兵团的经济总量；其次是新疆金融投资环境建设滞后，也影响了兵团经济总量的增加；同时新疆地处亚欧大陆腹地，远离经济发达地区，而且交通基础设施差，制约了兵团的经济跨越式发展；最后是兵团职工观念保守，仅依靠当地的资源优势，安于现状，缺乏生产活动的灵动性，经营上固守，管理上死板，过于依附政府，忽视自身的造血功能，也影响了兵团经济总量的增加。

2. 兵团产业结构不合理

兵团的经济发展结构在近几年稍有增速提升，但其经济发展结构却远远低于自治区甚至全国，主要因产业结构不合理，所有制结构落后。具体表现为 2011 年兵团的三次产业比为33.7：37.9：28.4，而同期全国的三次产业比是10.1:46.6:43.4。由此可见，兵团第一产业占GDP的比重高于全国平均水平23.6个百分点，第二产业占GDP的比重低于全国平均水平近8.7个百分点，这些说明兵团是农业性区域，工业化程度薄弱、第三产业发展不充分、产业层次低的特征非常突出。兵团所有制结构不合理，以国有经济为主导，非国有经济缺乏经济活力，发展滞后，导致在非国有经济成长壮大的今天，兵团经济很难实现高于全国的快速增长。因此兵团产业结构单一成为兵团发挥后发优势的重要障碍，严重阻碍了兵团经济跨越式发展。

3. 创新能力劣势

兵团地处偏远，人才队伍问题突出，包括人才数量不足、高层次人才缺乏、紧缺型人才稀疏、现有人才分布不均、结构不合理等。兵团是个以农业为基础的地方，但农业技术人才的工作环境差、设备老化，现有的人才改行、调走频繁，人才流失现象严重；兵团科技投入资金不足，开展科技活动意识较弱，工业自主创新能力低下，高层次应用开发技术力量薄弱，基层连队科技队伍不足等，这些不利因素阻碍了兵团的发展潜力，延缓了兵团经济跨越式发展的步伐。

4. 特殊体制的束缚

兵团特殊的体制有其优势，也具备一定的负面影响。兵团"党政军企合一"的体制难以适应市场经济发展的需要；兵团实行计划单列，但缺乏行政管理权，比如财政、税收管理等，致使兵团经济社会事业费用无报销来源，难以适应经济社会跨越式发展的需要；兵团经济市场化程度差，缺少有组织、有规模的产品销售市场，现有产品市场发育程度较差，主要农产品的生产、销售仍严格实行计划集中管理，不是由市场机制来决定。此外兵团市场中介组织的发育缓慢，其法律制度建设方面较发达地区有很大的差距。

综上所述，兵团在发展过程中自身有很大的发展优势，包括自我发展能力、发展环境、地理位置等，也存在很大的不足，如人才短缺、经济结构不合理等。但这并不说明兵团无后发优势，兵团经过长期努力在一定程度上实现了新技术、新工艺、新材料的广泛应用，在特色资源的开发利用上也开辟了有效的市场，这说明兵团不仅具备比较优势，而且拥有后发优势。兵团具有跨越式发展过程需要的两大必备优势，同时在机遇与挑战并存的状态下，机遇大于挑战，兵团实现跨越式发展的可行性表现非常突显。

兵团在不久的将来一定可以实现经济跨越式发展，区别就在于时间的长短。如果兵团未来能在现有水平上更快的发展，或许可以在2015年完成跨越式发展，并有可能在西北地区率先实现全面建设小康社会的目标。当然这是对兵团未来发展的一个巨大挑战，尤其在科技投入、资源环境和产业结构调整方面的难度系数很大。总体来看兵团在跨越式发展进程中总体趋势良好，尤其在生活质量、社会事业等方面实现程度高，在资源环境、文化教育和第三产业发展等方面还有待提升。未来兵团面临的机遇大于挑战，我们一定要紧紧抓住以上机遇，发挥兵团的优势，利用好资源优势、特色产品优势、农业现代化优势、地理位置带来的对外开放优势等，填补兵团的不足，致力于实现加快兵团经济跨越式发展的步伐。

此外，目前我国经济发展中能源、资源瓶颈制约突出，兵团特色资源优势日益显现，加快能源、资源大规模开发建设的时机已经成熟。兵团经过长期努力已在一定程度上实现了自我发展能力的提升和跨越式发展进程的进步，在政策、开放、体制等方面竞争优势突显，同时由于新技术、新工艺、新材料的广泛应用，特色资源的开发等各种后发优势突起，说明兵团不仅具备比较优势，而且拥有后发优势，在吸收先发地区经验教训的基础上，在当今难能可贵的历史机遇下，兵团若能充分利用国家政策和兄弟省市支援、有效发挥其比较优势和后发优势，实现跨越式发展战略是绝对可行的。

三、兵团"三化"协调发展,对实现跨越式发展的意义和价值

(一)兵团"三化"协调发展,对实现跨越式发展的意义

当前,在国家西部大开发战略和对口援疆政策支持下,中央新疆座谈会议提出以现代文化为引领,以科技教育为支撑,加速新型工业化、农牧业现代化、新型城镇化进程,加快改革开放,打造中国西部区域经济的增长极和向西开放的桥头堡,建设繁荣富裕和谐稳定的新疆。新疆生产建设兵团是"党政军企合一"的特殊组织,是新疆维吾尔自治区的重要组成部分。在这样的大背景、大环境下,兵团推进城镇化、新型工业化、农业现代化的"三化"建设面临着巨大的、前所未有的发展机遇。兵团"三化"协调发展,对兵团实现跨越式发展具有重要的意义和价值,也是兵团非常关注的一个主题。下面从三个方面分析"三化"协调发展对兵团实现跨越式发展的促进作用和意义。

1. 西部大开发战略和对口援疆政策及中央新疆座谈会议的召开,为新疆和兵团跨越式发展及长治久安提供了发展的大机遇

"十二五"期间成为兵团贯彻落实中央新疆工作座谈会会议精神和西部大开发工作会议总体部署、实现新疆跨越式发展和长治久安的重要时期。新一轮的西部大开发战略和对口援疆政策的实施,也为兵团实现跨越式发展提供了难得的政策机遇,进一步明确了兵团在新疆发展稳定中的战略地位,指明了兵团城镇化、新型工业化和农业现代化的发展方向。"十二五"规划中的原则之一是坚持把推进"三化"进程作为主攻方向,依托政策优势、资源优势、区位优势和组织优势,以城镇化为载体、以新型工业化为支撑、以农业现代化为基础,引导人口向城市(镇)、产业向园区、土地向规模经营集中,促进经济结构进一步优化和发展方式加快转变,显著提高兵团自我发展能力和在区域发展中的地位。与此同时,深入贯彻落实党的十七届五中全会和中央新疆工作座谈会精神,以科学发展为主题,

以加快转变经济发展方式为主线，以改革开放为动力，以科技进步为支撑，以改善民生为出发点和落脚点，兵团应该坚持走城镇化、新型工业化和农业现代化"三化"协调发展的道路，处理好"三大"关系，发挥好"三大"作用。"十二五"期间，实现工业化、城镇化和农业现代化的"三化"协调发展是破解当前城乡二元结构、促进经济社会平稳和谐发展的重要途径。

2. "三化"协调发展是新疆跨越式发展和长治久安的迫切需求

兵团在新疆有着重要的地位和作用。党中央、国务院高度关注新疆的发展与稳定，新疆在全国发展稳定大局中的战略地位越发重要，兵团特殊作用更加突显。兵团的现代化建设情况直接影响着新疆的跨越式发展，而新疆的跨越式发展则直接影响着全国的经济发展水平和稳定性。新时期在坚持和发扬屯垦戍边、艰苦奋斗的兵团精神的基础上，必须把经济发展作为第一要务，保持先进的生产力，发展壮大兵团事业，才有利于进一步促进民族团结和兵团融合。"十二五"期间兵团维稳戍边任务更加艰巨，且维稳戍边能力有待进一步提高。推进兵团"三化"协调发展、促进兵团的经济发展水平的"整体提高有助于兵团维稳戍边能力的提升，从而稳定新疆、发展新疆。总之，兵团作为"建设大军、中流砥柱、铜墙铁壁"的三大作用必须通过"三化"建设来更好的实施，只有这样才能更好地、持久地完成新时期"屯垦戍边"的政治任务。"三化"建设的根本就是发展、就是民生、就是以人为本。因此，兵团"三化"协调发展是新疆跨越式发展和长治久安的迫切需求。

3. "三化"协调发展是兵团转变发展方式，提升经济实力的必须选择，是兵团发挥"三大"作用的重要支撑

目前，兵团经济改革与发展既面临着严峻的挑战，又面临着难得的机遇。兵团在实现跨越式发展和推进"三化"建设过程中，应该摒弃老的观念。"屯垦"不应该仅仅局限于发展农业上，现在兵团要"垦"的不仅是农业，还要"垦"新型

工业化和城镇化建设。基于此,兵团"三化"协调发展成为兵团转变发展方式、提升经济的必须选择,是兵团发挥"三大"作用的重要支撑。然而在推进兵团"三化"建设的跨越式发展的前进道路上还存在着一些困难和问题。兵团目前正处于工业化初级阶段,起步晚、规模小,农业现代化水平不高,资源环境压力日益显现,兵团职工生活水平与发达地区相比差距较大,城镇化水平较低,团场基本公共服务水平低等问题突出。这些问题必须在兵团自身经济社会发展水平提高的前提下才能得以根本解决。而兵团"三化"协调发展正是本着提高兵团经济社会发展水平,促进兵团实现跨越式发展必须面对的问题。因此,加强兵团"三化"协调发展的研究成为兵团"三化"建设不可或缺的研究内容,对制定出协调推进兵团"三化"建设的对策有着重要的指导作用。

（二）兵团"三化"协调发展,对实现跨越式发展的价值

1. "三化"协调发展,促进了现代化的实现

近年来,实现现代化已经成为人类社会历史发展的大趋势和主题。工业化、城镇化和农业现代化是人类文明进步的重要标志,也已经成为现代化建设的基本内容。一个国家或地区要实现现代化,必须依托工业化、城镇化和农业现代化水平的提高,三者的协调发展与否直接影响着国家或地区的和谐、平稳及可持续发展。因此,"三化"协调发展,促进了现代化的实现,有利于兵团实现跨越式发展。

2. "三化"协调发展,有利于提升自身经济实力

"三化"协调发展是全面建设兵团经济区的主要任务和总体要求,其出发点和落脚点是以人为本,促进全面发展;基本要求是全面、协调、可持续发展;前提是以不牺牲农业和粮食、生态和环境为代价;目标是发展现代农业,以新型城镇化为突破口,构建兵团特色的现代产业体系和现代城镇体系;终极目标是实现兵团全面、协调、可持续发展和社会全面进步。"三化"协调发展兼顾了发展的各方面要求,体现了全面、协调、可持续发展原则,还是科学发展观在兵团经济建

设中的体现。科学、健康、合理、和谐、可持续地发展兵团经济，促进兵团经济实力的提升，为兵团实现跨越式发展创造了有利的环境和条件。

3. "三化"协调发展，有利于推进兵团经济发展动力的转型

"三化"协调发展，不仅仅促进了城镇化、新型工业化、农业现代化水平的分别提升，更有效地增进了三者的协调发展能力，还推动了兵团进一步扩大向西开放、调整所有制结构及其发展路径的转型，更增强了区域竞争力，强化了要素支撑，改善了投资环境，加强了"三化"协调发展对人才队伍的建设等积极的带动作用，而种种这些优化、调整、改进、提高、完善、强化，都是在推进兵团经济发展动力的转型。故"三化"协调发展，促进兵团经济发展动力的转型，为兵团实现跨越式发展的实现创造了可能。

四、研究方法

1. 文献研究与实地调研相结合

"三化"的协调性分析及典型个案分析研究主要分别采用文献研究与实地调研相结合的方式。

2. 基于系统论的思想，构建"三化"协调发展的指标体系

从系统论的思想出发，借鉴已有学者的各子系统指标体系研究，结合系统分析的模型体系结构，构建兵团"三化"协调发展的指标体系。

3. 构建基于效益理论与平衡理论的"三化"协调度评价模型

协调度模型是评价协调发展的核心，已有学者做过这方面的研究，本文借鉴运用"三化"的协调度模型进行协调性分析。

4. 典型个案分析

以八师石河子市及石河子市北泉镇的"一市一镇"为典型个案分析的方法，通过其实践经验总结以期对兵团"三化"建设产生启示和借鉴作用。

第二部分 "三化"协调相关研究综述

一、关于跨越式发展的研究

1985 年荷兰学者 Luc Soete 在他的论文《技术的国际扩散、工业发展与技术跨越》中，通过对新兴工业化国家为主的一种新的技术-经济范式的考察，较早地提出了"技术跨越"。此后，韩国的金麟洙和新加坡国立大学的 Koh Ai Tee 等人着重以技术跨越和国家创新体系等理论框架为基础，研究亚洲新兴经济国家和地区的案例。此外，一些领域的经济学家，如美国麻省理工学院的克鲁格曼等，从国际贸易政策和国际经济学的角度，提出后进国可以以高新技术为起点，实现在某些领域、某些产业的技术跨越。

中国学术界对跨越式发展的研究兴起于 2001 年，是以我国为研究主体，重点研究技术跨越和生产力跨越式发展的概念、可能性、途径和方式，代表学者主要有李黎明（2007）、邓光奇（2004）等。随着我国地方政府纷纷提出跨越式发展规划，出现了以省、市为单位的跨越式发展研究。比较典型的是西藏和宁夏等自治区，同时出现了以我国少数民族地区和西部地区为对象的跨越式发展的相关研究，研究内容由技术领域和生产力领域逐渐扩展到经济和社会领域，代表学者主要有杜常春（2009）、董兆武（2010）、卢玉萍（2011）、简新华（2012）等。

二、关于"三化"协调发展的研究

（一）城镇化与工业化协调发展研究综述

关于城镇化与工业化协调发展的研究成果主要分为以下两个方面：

一部分学者研究表明，我国工业化和城镇化发展存在较强的互动关系，且空间格局呈现东部最高，西部最低。我国在加快推进现代化过程中，必须坚持工业化与城镇化的良性互动，不断提升"两化"的协调发展水平。郝华勇（2012）对我国新型工业化与城镇化协调发展方面做出了研究，并构建了综合评价体系，引入协调发展度综合评价二者协调发展水平。结果表明：我国31个省（市、区）新型工业化与城镇化协调发展水平普遍不高，且空间格局呈现东部高于全国水平，中部、东北、西部均落后于全国水平。省域新型工业化水平、新型城镇化水平空间格局与协调发展格局不同，且两大子系统内部的大项指标得分呈现不同差异性。研究还从两大子系统内部差异探寻工业化与城镇化失调的成因，针对各省失调的问题提出促进省域新型工业化与城镇化协调发展的对策。陈耀、周洪霞（2014）基于产值和就业结构建立反映工业化内涵的综合指标，测度2000—2012年全国"四大板块"及各省（市、区）工业化和城镇化的总体水平，进而通过耦合协调模型考察二者的协调度，并检验协调度的影响因素。分析结果表明：在观察期内，我国工业化和城镇化发展存在较强的互动关系，且协调度呈不断上升趋势，但总体水平还不高。各省"两化"协调度存在一定差异，东部地区协调发展水平最高，其次是东北地区、中部地区和西部地区。二人还提出在我国加快推进现代化过程中，必须坚持工业化与城镇化的良性互动，不断提升"两化"的协调发展水平。汪浪、曹卫东（2014）在对我国城镇化与工业化协调发展研究中表明城镇化与工业化是我国社会经济发展的必然趋势。通过搜集2001—2012年的统计年鉴数据，运用指标正向化法、变异系数法等构建了城镇化综合系数、工业化综合系数以及协调度模型，计算并评价了2000—2011年我国以及四大经济区域和各省（市、区）的城镇化与工业化的协调性。研究结果表明：我国从2000—2011年城镇化和工业化以及二者的协调度系数都是处于上升发展阶段，由低水平向高水平发展，由严重失调向优质协调发展；东部地区的协调发展程度最高，中部地区和东北地区发展程度相差无几,而西部地区的协调发展程度最低,四大经济区域城镇化与工业化协调发展呈现梯级结构;2000—2011年各省(市、区)城镇化与工业化发展呈现出明显的地区差异,与四大经济区域差异相呼应,并且协调度与该地区的经济发展水平成正相关性。

另一部分学者不仅对我国工业化和城镇化协调发展程度进行了分析,而且从制约我国城镇化与工业化协调发展的因素入手,做了深入的研究。李刚、魏佩瑶(2013)在中国工业化与城镇化协调关系研究中表明:1978—2010年间,中国工业化和城镇化协调发展程度虽然呈现上升趋势,但总体上较低。该研究通过构建完美市场和不完美市场条件下的工业化和城镇化协调发展模型,分析了中国工业化和城镇化协调发展程度较低的形成机理。计量分析发现,在影响中国工业化和城镇化协调发展程度的因素中,第三产业占GDP比重和基础设施投资对促进中国工业化和城镇化协调发展的贡献较大,农业劳动力生产率、城市社会保障支出、劳动力流动规模等因素对促进中国工业化和城镇化协调发展有正向作用,但是其作用小于第三产业和城市基础设施改善的作用,而工业化和城镇化独立发展形成的偏离度则有负向作用。杜传忠、刘英基、郑丽(2013)运用Granger模型和耦合协调度模型对我国现阶段工业化与城镇化系统的耦合协调度进行了实证分析。结果表明:目前,我国工业化与城镇化的协调水平总体偏低且存在明显的区域差异。东部沿海地区二者的协调水平相对较高,中西部地区的协调水平较低。而制约我国工业化与城镇化协调发展的主要因素包括体制性及机制性因素、城市基础设施及公共服务能力明显不足、城镇化发展模式存在一定缺陷以及产业结构升级与城镇化发展没有实现有效结合。为此,应进一步健全和完善工业化与城镇化协调发展的体制和机制,加快转变城镇化发展模式,实现产业结构升级与城镇化推进的有机结合。

以上研究结果表明我国现阶段对城镇化与工业化协调发展的研究成果颇为丰

富，涉及的研究方法也多种多样。通过对文献资料的研读，研究方法主要集中在以下四个方面：

1. 构建综合评价指标体系

郝华勇（2012）认为工业化与城镇化是欠发达地区实现经济社会发展的必由之路。工业化与城镇化是否协调直接关系到区域经济社会发展的整体质量与效益。他在《中部六省新型工业化与城镇化协调发展评价与对策》一文中构建涵盖新型工业化与城镇化内涵的综合评价体系，引入协调发展度综合评价区域新型工业化与城镇化协调发展水平，并以中部六省为例做实证研究。研究结果显示：中部六省中湖南属于优质协调，安徽为良好协调，湖北为中等协调，山西、河南、江西为勉强协调。郭丽娟（2013）在新型工业化与新型城镇化协调发展的内涵和突出"新型"和"互动"的基础上，构建了新型工业化与新型城镇化协调发展综合评价指标体系，并对四川省进行实证分析。研究表明：四川省18个地市新型"两化"协调发展水平很不平衡，地区差异显著；该省各地市在表征工业化和城镇化的"传统"指标上得分相近，在"新型"要素上相差悬殊。

2. 构建模型

朱海玲、龚曙明（2010）采用多元回归或滞后分布回归分析的方法，分别构建了中国工业化与城镇化共同决定人均 GDP、经济增长、经济结构和就业结构的经济计量模型，以及工业化和城镇化互动的经济计量模型，有效地揭示了在现代化过程中，工业化与城镇化联动和互动的数量关系和规律。刘涛、赵志亮（2011）认为各个国家的发展进程已经证明城镇化与工业化之间存在着必然的联系，二者之间具有较强的同步性和相关性。他们利用建国以来河南的相关数据，通过计算工业化率、非农化率和城镇化率，在与全国数据比较的基础上分析了河南省的城镇化与工业化的过程，并通过构建误差修正模型研究了城镇化和农业现代化之间的关系。研究表明：河南省城镇化水平和工业化水平之间不仅具有长期稳定关系，而且短期内也存在很强的修正关系。结果是河南省城镇化水平和工业化水平之间存在互为因果的关系。黄永兴、刘佩（2013）则利用我国31个省（市、区）2010年横截面数据，结合"协调发展度模型"，采用空间自相关分析，实证分析了中国新型工业化与新型城镇化协调发展的空间集聚格局。研究结果表明：我国多数省份新型工业化水平滞后于新型城镇化水平；新型工业化与新型城镇化协调发展格局具有显著的区域空间差异性和空间集聚特征。王建锋、雷军、段祖亮（2013）在研究新疆工业化和城镇化协调发展中认为工业化和城镇化是推动区域经济社会发展的主要动力，实现工业化和城镇化的协调发展是促进新疆经济社会跨越式发展的重要途径之一。通过运用"钱纳里发展模型"，并计算工业化和城镇化协调指数，研究论述了工业化和城镇化协调发展关系。结合城镇人口与农业劳动力人口指标，分析了新疆工业化进程与城镇化进程的互动关系，并对省域层面工业化和城镇化区域协调发展状况进行了初步探讨。他们认为新疆工业化和城镇化之间的发展存在显著不协调状况，总体发展水平低、城镇化滞后工业化发展态势明显；在省域85个县市中，协调发展区域尚处于低度协调水平。如果要提升新疆区域经济社会发展水平，必须打破当前发展模式。

3. 计算标准值

吴志军、汪洋（2014）认为，长期以来中国的工业化与城镇化发展并不协调。他们根据江西省统计年鉴的数据计算出NU值，对江西省城镇化和工业化水平进行了判定，得出江西省城镇化水平明显落后于工业化发展水平的结论。在此基础上他们还分析了江西省工业化与城镇化互动协调发展的突出矛盾、制约因素，并提出构建江西城镇化与工业化协调发展的内在机制与对策措施。周兵、高君希、吕斐（2014）采用标准值法对重庆市及各个区县的工业化和城镇化协调发展情况进行了实证分析。分析表明：重庆绝大多数区县的工业化发展未能带动城镇化进程；绝大多数区县也存在部分聚集在城镇而从事农业生产的人口，造成城镇化率偏高的现象。

4. 多种方法的综合应用

范轶芳、杨励雅（2013）指出工业化与城镇化的协调互动发展对地区乃至国家经济持续健康发展具有重要意义。二者协调关系的实证研究，是坚持走中国特色新型工业化、城镇化，推动二者良性互动、协调发展的重要基础工作。他们根据新型工业化特征与城镇化的丰富内涵，充分考虑工业化与城镇化的投入产出关联机制，构造二者的测度指标体系；然后采用数据包络分析方法构建模型，计算1978—2009年中国工业化和城镇化的相对协调度，进行阶段识别，并分析三大阶段的特征及关键要素。该研究为现在及将来我国工业化和城镇化进程中的政策及制度安排提供经验支持和决策依据。李秀萍、杜漪（2014）在建立综合评价指标体系的基础上，运用标准化评分法对绵阳市县域新型工业化和城镇化互动发展进行了实证评价。结果显示：绵阳市县域整体的"两化"发展水平比较低，城市核心区——涪城区与其他县（市、区）的差距较大；在工业化水平整体不高的情况下，新型城镇化水平明显落后于新型工业化水平；新型城镇化水平内部的梯度变化不尽合理。

基于以上总结得出现阶段构建综合指标体系的研究方法较为成熟，运用构建模型的方法来研究此问题的学者也较多，且研究成果丰富；运用计算标准值的方法来研究此问题的则较少。目前更多的学者都会倾向选择在构建指标体系的基础上，再构建模型对城镇化与工业化协调发展进行研究。

（二）城镇化与农业现代化协调发展研究综述

现阶段对城镇化与农业现代化协调发展的研究较少。刘玉（2007）通过分析我国现阶段城镇化和农业现代化之间的关系，认为农业现代化的发展依赖于城镇化水平，城镇化给农业现代化提供支撑；随着农业现代化的进一步发展，农业现代化又给城镇化水平的提高创造条件。农业现代化的推进不仅是我国农业发展的趋势和目标，还是城镇化的客观需要。分散的小农经济与城镇经济脱节、农业生产与工业技术和现代服务业脱节、二元体制下城乡居民各方面差异是影响我国城镇化和农业现代化协调发展的主要因素。推进农业规模化、产业化，建立现代农业企业，加强社会对农业发展的全面支持是实现农业现代化的关键。柯福艳（2011）分析了当前阻碍我国城镇化与农业现代化的主要因素：二元的城乡户籍制度和福利保障的差异限制了劳动力的自由移动。二元的城乡土地制度使得城镇土地使用权可以自由买卖，而农村耕地和宅基地却不能质押和转让。长期形成的各自建设和分割的城市与农村的发展规划，严重阻碍了城乡一体化进程，拉大了城乡基础设施建设差距。城乡分割割裂了二、三产业与农业部门的互动，使得农业部门很难享受到二、三产业的辅助和推动作用。该研究提出了改变城乡二元体制，推动城乡统筹规划发展，形成长效互动机制。衡杰（2014）通过构建新型城镇化和农业现代化评价指标体系，并利用AHP法和因子分析法来测度新型城镇化和农业现代化各年综合发展水平；他再次使用了协整检验法、格兰杰（Granger）因果关系检验法、VEC模型等现代数量经济方法，测度分析了安徽省新型城镇化和农业现代化之间是否存在长期均衡关系，以及相互作用程度，得出安徽省"两化"具有一定的相互依存关系的结论。新型城镇化对农业现代化有拉动作用，且效果较明显；而农业现代化对新型城镇化的影响效应则甚微。通过建立协调发展度模型，测算分析安徽省新型城镇化和农业现代化协调发展状况，研究结果表明：两者的协调程度向良性发展，从严重失调发展到中级协调。该结果全面揭示了安徽省新型城镇化和农业现代化在发展中遇到的问题，并有针对性地提出了一些政策性建议，进一步促进了安徽省新型城镇化和农业现代化的协调发展，为政府有关部门制定相关政策提供了参考依据。

综合来看，学者们从农村劳动力转移、农业结构转变等方面探讨了城镇化和农业现代化之间的关系，认为二者均为对方发展提供了基础条件，也在资源配置方面产生一定的相互制约。因此，在发展中国家从二元经济向一元经济转变的过程中，传统农业向现代农业的转变不可能只依靠农业内部的发展来实现，大量农业剩余人口必须通过城镇化发展来向外转移，从而实现农业现代化。

（三）工业化、城镇化和农业现代化协调发展研究综述

现阶段对"三化"协调发展的研究成果丰富。大部分学者研究表明工业化、城镇化和农业现代化三者之间存在长期协整关系，但是由于地域的不同，三者之间相互影响关系也存在差异。王贝（2011）通过建立VAR模型，对我国1995—2009年工业化、城镇化和农业现代化动态关系进行研究。结果表明：三者之间存在长期的协整关系；农业现代化与工业化、城镇化呈反向变动趋势；工业化和城镇化不是农业现代化的格兰杰原因，而农业现代化是工业化和城镇化的格兰杰原因；长期均衡对农业现代化水平调整的幅度较小；工业化和城镇化发展对农业现代化的冲击总体上并不显著。夏显力、郝晶辉（2013）运用Johansen协整理论及误差修正模型分析了陕西省1991—2010年工业化、城镇化与农业现代化之间的动态关系。结果显示：陕西"三化"之间存在长期协整关系且呈同向发展态势；短期内工业化和农业现代化水平的提升会阻碍城镇化水平的提高；在滞后两期的情况下，陕西省工业化和城镇化互为格兰杰因果关系；工业化是农业现代化的格兰杰原因，而农业现代化不是工业化的格兰杰原因；城镇化对工业化和农业现代化发展的冲击总体上较为显著，工业化和农业现代化发展对城镇化正向冲击较弱且逐步递减。马敏娜、李国荣、罗胜（2013）以吉林省为例，通过建立"三化"评价指标体系，运用主成分分析法、协整分析方法，对"三化"的关系进行实证研究。结果表明："三化"两两之间具有长期的均衡关系；农业现代化的发展与城镇化、工业化的发展发生了脱节，农业现代化对工业化的影响滞后4年才出现；农业现代化对城镇化支撑作用不明显，工业化、城镇化的发展对农业现代化发展缺乏有效的支持。王伟（2014）运用VAR

模型的计量分析方法，对广东省 1981－2012 年城镇化发展、农业现代化和工业化的数据进行研究。结果表明：广东城镇化、农业现代化与工业化之间存在着长期稳定的均衡关系，且城镇化和农业现代化对于工业的促进作用较为显著。对分析结果进行格兰杰因果检验，发现城镇化和农业现代化是工业化的格兰杰原因。脉冲响应分析和方差分解分析的结果表明：城镇化和农业现代化的发展是工业化的重要动力，城镇化对于工业化的促进作用优于农业现代化对于工业化的促进作用。万春林、贾敬全、殷李松（2014）利用皖北地区的样本数据，在建立 VAR 模型的基础之上，运用脉冲响应分析和方差分析法，对皖北地区的农业现代化、工业化、城镇化之间的互动关系进行实证研究。研究表明：皖北地区农业现代化、工业化、城镇化之间存在长期稳定的均衡关系，三者之间在短期和长期具有不同的相互影响关系。在此结论的基础上，他们对皖北地区提出推进农业现代化发展、坚持走新型工业化道路、提高城镇化水平以及推动相互之间协调发展的政策建议。还有一部分学者则从系统协调度的角度出发，建立系统的协调测度模型对"三化"协调发展问题做了论述。杨迅周等（2011）从系统协调的角度出发，构建河南省的"三化"协调度模型，并运用效益均衡理论作为评价模型的理论基础，来研究城镇化、工业化和农业现代化的协调度问题。从系统论的角度出发，借鉴国内外的现有指标体系的成果，结合系统论思想的模型结构指标体系包括新型城镇化、新型工业化和农业现代化的协调发展分析及指标体系，选取了序参数变量分为：①新型城镇化子系统：包括城镇化率、居民可支配收入和三产业增加值比重；②扩工新型工业化子系统：包括工业增加值、高科技产值占总产值的比重和万元 GDP 的平均能耗；③农业现代化子系统：包括农民人均纯收入、粮食总产量和蓄牧业产值。经过数据处理和分析得出新型城镇化、新型工业化和农业现代化的各子系统水平在不断提高，"三化"总体协调趋势也在提高。董栓成（2011）运用数据包络分析法和协调发展理论来建立工业化、城镇化和农业现代化定量分析模型,通过 DEA 的基本思想来决定三个子系统的 DEA 优化模型。他先构建了两个系统的细条发展 DEA 测度模型,来分析研究三个子系统的双边协调关系;又研究了一个子系统对另外两个子系统的协调测度模型。从发展程度、协调程度和系统的综合发展效度三个方面对河南省的工业化、城镇化和农业现代化的协调程度进行测评。分析了河南省 18 个城市的系统协调指标后得出,河南省整体的协调处于低水平,且系统综合程度较高的区域的实际协调也较低,农业现代化对于工业化与城镇化的综合协调效应很低。这说明农业现代化已成为现阶段河南省"三化"中的薄弱环节。徐大伟等(2012)认为工业化是农业现代化的实现手段,城镇化是农业现代化的外在体现。根据机制设计理论分析"三化"协调的内在机制认为,利益的共同目标是"三化"协调的内在基础,信息共享与透明是"三化"协调实现的必要条件。运用把工业化、城镇化和农业现代化作为协调整体的三个子系统,整体效率的发挥不依靠基本要素的组合,而是由要素组成的子系统都协调发展时,整体才能达到高级协调阶段。子系统通过共同目标、协调规划、信息共享等外在参量的共同作用使系统的协调度达到最大。社会经济发展进入协调可持续阶段。

但就"三化"的协调发展研究所运用的方法而言,主要集中在三方面:

1. 建立模型对"三化"协调发展进行研究

钱丽等(2012)通过分析"三化"相互影响关系及协调作用机制,构建了"三化"耦合协调发展模型,选取了 1996—2010 年的各省份综合发展指数数据,测度各省份"三化"间的耦合协调度,得出"三化"整体综合发展水平较低。工业化、城镇化、农业现代化的耦合协调程度不是很高,表明"三化"协调尚处于初步协调程度。农业现代化是"三化"中最为滞后的,是影响协调程度的主要影响因素。该研究分析了各省份间的协调度差异。东部地区的协调程度最高，西部地区的协调程度最低，差异不是很大。基础教育水平、产业结构层次、科研投入等对协调度有较大的影响。蔡键、张岳恒（2012）从农业生产要素角度，采用时间序列协整检验和误差模型分析等方法重新梳理了工业化、城镇化与农业现代化之间的关系。研究表明：无论是从长期角度还是从短期角度，工业化都将对农业现代化产生一定的推力作用，而城镇化则对农业现代化产生一定的拉力作用。

2. 采用文献梳理和理论论证的方法

徐大伟、段姗姗、刘春燕（2011）从工业化、城镇化、农业现代化之间的相互关系进行文献梳理和理论论证认为：工业化是农业经济发展的手段，城镇化是农业经济发展的外在体现，农业现代化是农业经济发展的目标；再根据机制设计理论分析"三化同步"的内在机理认为：利益趋于一致是"三化同步"的内在基础，信息充分和对称是"三化同步"有效实现的必要条件。徐志华、茅丽华、潘卫兵（2011）通过文献法研究了国外与"工业化、城镇化、农业现代化"问题有关的马克思主义的城乡融合理论、发展经济学的二元结构理论、区域经济学的空间统筹理论以及其他城乡关系和"三化"发展理论，分析了国外城市化的"两种偏向"和城乡关系"两个趋向"的发展演变进程，总结了英、美、以、韩的新村建设，挪威推进城乡协调发展，荷兰支持农业生产链，加拿大农村协作伙伴计划和日本综合开发计划等推动农村和农业现代化的经验和做法。由此得到启示：选择最有说服力的分析框架，进行正确的理论预设，抓住实现利益整合与平衡的主线，选择合适的"三化"同步发展模式与路径以及机制与政策措施是"三化"协调的重中之重。毛智勇、李志萌、杨志诚（2013）根据二元结构产生、演变和消除的理论，运用劳动生产率差异、产业结构与就业结构偏离度、城乡居民收入差距等比较方法，通过国内外的实证比较，定量测评和分析我国工业化、城镇化、农业现代化协调度的状况。郝良峰、徐和平（2013）分别从理论和实证的角度分析了贵州城镇化、工业化和农业产业化的互动关系，并针对贵州省城镇化、工业化和农业产业化的发展现状和问题，引入了市场机制推动城镇化、工业化和农业产业化，并提出实行贸易保护政策和增强内部要素流动、加快农民市民化进程等一系列措施。

3. 构建评价指标体系对"三化"协调发展进行研究

徐君（2011）针对中原经济区发展的核心问题——新型工业化、新型城镇化、农业现代化的协调发展，建立了相应的"三化"协调发展评价指标体系，对中原经济区 18 个主要城市的"三化"协调发展水平进行了评价。结果表明：18 个城市整体的"三化"发展程度较低；省会郑州与其他城市的差距不明显，其核心城市地位不突出。喻金田、娄钰华、李会涛（2014）在确立农业现代化、工业化和城镇化协调发展评价模型的基础上，采用多指标描述的方式构建农业现代化、工业化和城镇化发展水平评价指标，测度中部地区农业现代化、工业化和城镇化的发展水平与协调度。进而测算并分析了中部地区农业现代化、工业化和城镇化协调发展度；最后指出了中部地区农业现代化、工业化和城镇化协调发展水平低的原因及促进协调发展应注意的问题。

目前对于"三化"之间协调关系的研究，也只是以定性研究居多，相对完整的理论分析结构尚未建立，对于怎么达到"三化"协调缺少系统论述。在评级指标体系方面，"三化"各子系统的指标体系都有了很多研究，对于三个子系统间的协调性指标的研究则较少。

由于我国首次把信息化上升为国家战略，因此研究工业化、信息化、城镇化和农业现代化互动关系的文献较少。董梅生、杨德才（2014）采用因子分析法，获得"四化"的综合评价值，并构建了 VAR 模型。分析发现：长期内城镇化、工业化和信息化都能提升农业现代化水平；短期内只有农业现代化、工业化和信息化是引起城镇化的原因，而工业化、城镇化和信息化都不能引起农业现代化；滞后一期的工业化、城镇化、农业现代化和信息化虽然都能有效提升当期农业化的水平，但是农业现代化对其自身的影响最大。所以，虽然工业化、城镇化、农业现代化和信息化还存在融合不够、互动不足、协调不力的问题，但是它们之间相互影响、互为支撑、缺一不可，必须依靠自身同步发展。

以上国内的相关研究对兵团"三化"协调发展研究具有启迪和帮助作用，为本书的研究奠定了一定的理论基础，提供了模型及方法支持、"三化"协调发展指标体系构建的借鉴及典型个案分析的启示。

第三部分 "三化"协调发展的相关理论及现状分析

一、"三化"协调发展的内涵分析[①]

(一)"三化"的含义

"三化"是工业化、城镇化和农业现代化的简称。

工业化指的是在一国国民经济组成中,工业所占比重不断增加,并逐渐成为经济主体的过程;简而言之就是一国的经济社会由传统的农业社会向现代工业社会转变的过程。在这一转变过程中,大量的农村劳动力由农业流向工业,农村人口大量转移到城镇,进而使得城镇人口不断增多,最终超过农村人口,同时农业生产效率也得到提升。现代化的重要标志之一就是高度发达的工业社会。

城镇化指的是随着工业化的不断发展,农村人口不断地向城镇转移,同时第二、三产业也不断地向城镇聚集,进而使得城镇在数量上不断增加、规模上不断扩大的一种历史过程。其主要的表现形式是:随着一国(地区)社会经济的不断发展、科技的不断进步以及产业结构的不断调整,该国(地区)农村人口的居住地点开始由农村向城镇转移;同时随着居住地点的转移,农村劳动力所从事的职业也从农业向城镇第二、三产业转移。反映城镇化水平高低的一个重要指标是城镇化率,即一国(地区)常驻人口占当地总人口的比重。可以看到,城镇化的过程是人口不断向城镇集聚的过程,也是各国(地区)在发展工业化和现代化的过

---

① 熊新. 河南省"三化"协调发展的模式选择与机制创新[D]. 信阳师范学院,2013(5).

程中所必须经历的一种社会变迁形式。

农业现代化指的是传统农业向现代农业转化的手段和过程。在转化的过程中，农业逐渐用现代的科学技术和管理方法进行生产经营活动，从而使得落后的传统农业不断转变为具有先进水平的现代农业。理论界一般将农业现代化划分为五个阶段：准备阶段、起步阶段、初步实现阶段、基本实现阶段和发达阶段。由此可以看到农业现代化的进程是一个阶段性的进程，没有终极目标，只有阶段性的目标，即在不同的历史时期应该选择不同的目标。农业现代化在不同的经济发展水平层面上呈现出不同的特征和表现形式。一国（地区）若想推进农业现代化的进程，就必须认真分析当地社会经济发展水平和农业发展现状。因为只有这样，才能制定出既符合当地实际又易于操作的政策决议。

（二）"三化"协调发展的内涵

一是所谓"三化"协调发展[②]，就是要正确处理和准确把握工业化、城镇化和农业现代化三者之间的关系，从而实现"三化"的良性互动、科学发展；就是要把城市和农村、工业和农业存在的问题及其相互关系综合起来研究，统筹解决，协调发展。既要发挥城市对农村的辐射作用、工业对农业的带动作用，又要发挥农业对工业的促进作用，形成协调发展、良性互动的城镇化、新型工业化和农业现代化的和谐发展关系。实现"三化"协调发展，应着重处理好农业，尤其是粮食稳定发展与工业化、城镇化的关系，既要保障国家粮食安全，又要加快工业化、城镇化进程；既不能牺牲农业，尤其是以粮食生产完全为代价发展工业化、城镇化，又不允许以延迟工业化、城镇化为代价发展粮食生产，要把粮食稳定增产的长效机制，建立在兵团工业化、城镇化快速协调推进的基础上。"三化"协调发展并不是三者平衡发展，更不是三者发展齐头并进，而是在三者充分发展自身的基

[②] 路燕，孟俊杰，蔡世忠. 河南省农区发展特点和"三化"协调发展路径研究[J]. 农业现代化研究，2013(1).

础上互相作用，达到一个良性循环，即实现"1+1+1>3"的效果，最终实现城镇和乡村协调发展、城镇和产业协调发展以及各产业之间的协调发展。在兵团实现跨越式发展和长治久安的大背景下，兵团应着重处理好农业现代化发展与工业化、城镇化的关系，尤其是粮食稳定发展与后两者之间的关系。在保证粮食安全稳定生产的同时，实现工业化和城镇化的稳健发展；持续探索不以牺牲农业和粮食为代价的城镇化、工业化和农业现代化"三化"协调科学发展之路。

二是当今理论对协调的理解主要有三种：第一，协调是与管理活动相关的一种职能，学术界对这种解释不存在实质分歧；第二，协调是强调事物之间的静态比例关系，理解组成事物在各部分保持稳定比例关系，忽略环境、时间、空间的改变，批次关系会变得不恰当；第三，从发展角度出发，协调是事物组成部分相互之间的动态关系及程度反应，真实反映了动态的变化。因此多协调界定是第三种理解，即协调发展是为实现系统的总体目标，系统各个组成部分应相互配合、相互适应、相互促进，形成一种良性动态发展。相应地，协调度是系统要素或系统之间或在发展过程中和谐的程度，描述系统内部之间各子系统或要素之间协调发展的好坏，体现了系统从无序向有序的转变。综上，"三化"协调度的内涵可概括[③]为：在政府的宏观调控中，在社会、人口、经济等外部因素影响下，系统要素和系统之间在发展中的相互适应、相互配合、相互促进的和谐程度。具体而言，"三化"的协调发展应体现在两个层面上：一是，各子系统要协调发展，即三个子系统相互补充、相互促进，实现各系统效益的最大化；二是，各子系统（即农业现代化、工业化、城镇化）的自身要协调发展，和在现有条件下要实现自身的效益最大化。

三是"三化"协调发展的特征。"三化"协调发展是现代化演进的总体趋势，也是欠发达地区转变发展方式、实现跨越式发展的根本路径。国家"十二五"规

---

③ 王一夫. 黑龙江垦区工业化、城镇化与农业现代化协调发展水平综合评价与分析[D]. 黑龙江八一农垦大学，2013(5).

划明确提出了"在工业化、城镇化深入发展中同步推进农业现代化"的重大战略。国务院《在加快建设新疆兵团的指导意见》中也明确提出：积极探索不以牺牲农业和粮食、生态和环境为代价的"三化"协调发展的路子，也是兵团经济建设的核心任务。强调要走具有特殊体制下的兵团城镇化道路、新型工业化道路和农业现代化道路，引领、支撑和推动"三化"协调发展。

二、"三化"协调发展的理论基础

（一）二元经济理论与"三化"协调发展

发展经济学探讨了发展中国家在经济发展过程中普遍面临的城乡关系、结构变迁、劳动力转移、资本积累、环境保护以及增长极变化等一系列问题，形成了基本的用二元经济理论解释发展中国家统筹城乡经济和"三化"发展的分析框架[④]。二元经济理论经历了古典主义、新古典主义和凯恩斯主义三个阶段。20世纪60年代，诺贝尔经济学奖得主刘易斯提出的二元结构理论，较早地揭示了在发展中国家并存着农村中以传统生产方式为主的农业和城市中以制造业为主的现代化部门，应该通过机制设计来促使二元经济结构转化，并论证了劳动力资源从传统农业部门配置到现代工业部门，可提高全社会的劳动生产率，促进经济发展[⑤]。刘易斯描述了一个"三化"协调发展的经典框架，他从城市发展的立场出发，指出城与乡不能截然分开，城与乡应当有机结合在一起。此后费景汉、拉尼斯修正了刘易斯模型中的假设，在考虑工农业两个部门平衡增长的基础上，完善了农业剩余劳动力转移的二元经济发展思想[⑥]，刘易斯-费景汉-拉尼斯模型成为在古典主义框架下分析二元经济问题的经典模型。新古典二元经济理论不是建立在农业剩余劳

[④] 徐志华，茅丽华，潘卫兵. 国外三化发展的理论实践及启示[J]. 农业工程，2012，2（1）：104-110.
[⑤] 刘易斯，二元经济论[M]. 北京：北京经济学院出版社，1989：15-19.
[⑥] 费景汉，拉尼斯. 劳动剩余经济的发展[M]. 北京：经济科学出版社，1992：31-35.

动与不变制度工资假定的基础上，而是认为工农两部门的工资水平都由劳动边际生产率决定。因此，工农业经济均衡是在两部门的劳动边际生产率均等时实现的。其中最著名的新古典二元经济理论是乔根森和托达罗模型。二元经济结构分析框架正在成为研究发展中国家转型与增长的主要理论工具。

（二）共生系统理论

最初的共生理论来源于西方生物学研究。1879年德国真菌学家Anton deBery第一次提出了"共生"的概念，指出"共生"是一种自然现象，生物体之间出于生存的需要必然按照某种方式相互依存、相互作用，形成共同生存、协调进化的共生关系"，其基本思想是：①各共生单元在系统中表现为共同进化、共同发展；②各单元之间形成动态平衡状态的竞合关系，此关系的形成过程表现为各单元之间相互补充、合作；③各共生单元在相互作用下形成组织结构，表现为一个共生的系统。到了20世纪50年代，这一理论逐步应用到经济、社会和文化等各个领域。1968年美籍奥地利生物学家贝塔朗菲发表专著《一般系统理论基础、发展和应用》的核心思想是强调系统的整体观念，任何系统都是一个有机整体。通过对系统的研究，使系统结构得以调整，各要素关系得以协调，系统目标得以优化，进而实现各子系统或各单元之间相互协作、相互配合、相互促进的一种良性循环。

按照这一理论，在以现代化建设为目标所形成的经济系统中，工业化、城镇化和农业现代化三者之间也必然表现为互相影响、互相制约、互相促进的"共生关系"。一方面，在整个现代化进程中，"三化"形成动态平衡状态过程中的竞合关系，主要表现为三者之间相互支持、相互合作、寻求共赢。"三化"之间的合作与支持系统，又是通过市场所形成的自组织结构，其自组织过程是市场经济规律运行的过程。因此，"三化"共生、协调发展是现代化过程中不能违背的客观规律，其中工业化、城镇化是农业现代化的发展动力，而农业现代化又为工业化和城镇化提供支撑和保障。另一方面，工业化、城镇化和农业现代化是现代化建设的三个子系统，现代化大系统的协调发展，关键在于内部各子系统之间相互协作、相互配合、相互促进。如果工业化、城镇化落后，农业现代化就会失去动力；反之农业现代化发展缓慢也必将使城镇化和工业化受阻，进而影响整个现代化进程。只有"三化"相互依赖、协调发展，才能达到加快推进现代化进程的最优目标。

(三) 协同理论

协同理论是德国著名学者哈肯在1971年创立，协同理论探讨各种相关系统由无序转为有序的相似性，主要研究的是远离平衡态开放性系统与外界有能量和物质交换的情况下，如何通过内部协同作用，自发出现功能、时间、空间的有序结构。协同理论解释为，在一个系统里各子系统可通过互相作用产生协同模型，形成新的空间和时间结构，实现系统由无序到有序的变化，系统转向有序机理不在于系统现状是否平衡，也不在于系统距平衡态有多远，关键在于系统内部各相关子系统相互关联的程度。它决定着系统的规律和特征，此系统作用的量度也正是协调度。协同理论重点包括自组织原理、伺服原理、协同效应三方面。

协同理论提出以来应用范围广泛，对系统发展理论和方法研究都具有很重要的指导作用，同时为"三化"发展提供了以下启示：

（1）"三化"是个开放的系统，它能不断地与外部经济、人口、环境、资源进行交换，获得有序能量。

（2）"三化"的协调发展在一定程度上依靠宏观调控，政府部门对"三化"的协调发展进行宏观调控，不仅提供能量物质，同时也为微观经济提供指导。因此，政府部门的宏观调控，对于实践"三化"的协调发展起到重要作用。

（3）"三化"系统的资源合理配置、技术改革、政策支持等，都会影响"三化"系统发生变化。这些变化是促进"三化"系统向有序转化的结构动力，并能促使各子系统独立运动且不会停止。如果变化得到放大，"三化"系统就可能从无序状态走向有序状态或从低层向高层转变。

（4）"三化"系统由城镇化、农业现代化和工业化三个子系统组成，每个子系统又可自成系统，各有其独特特征，可实现相应经济发展的目标，各要素和子系统自组织是"三化"协调的基础并对其起着至关重要的作用。同时，在外界环境影响下，每个系统都可能会受到其他系统的作用和影响。这些交织作用与影响又形成一定的反馈调节机制，从而产生协同效应的运动。

因此，"三化"系统也像别的系统一样，具备协调发展条件，并适用于协同理论。

（四）城镇化理论[7]

城镇化的发生和发展，同样遵循着共同的规律，即受着三大力量的作用：农业的先导传动、工业化的中坚推动和第三产业的后续拉动。城镇化的动力机制如下：①农业发展是城市化的初始动力；②工业化是城镇化的根本动力；③第三产业是城镇化的后续动力。

（1）农业发展是城市化的初始动力

城镇化进程的本身，就是变落后的乡村社会和自然经济为先进的城市社会和商品经济的历史过程。如果考察世界和中国的城市化轨迹，就会发现一个有趣的共同点：它总是在那些农业分工完善、农村经济发达的地区首先兴盛起来，并建立在农业生产力的发展达到了一定程度的基础上。

农业现代化的发展是城镇化的初始动力，表现在以下几个方面：①为城镇提供商品粮；②为城镇工业提供资金的原始积累；③为城镇工业生产提供原料；④为城镇工业提供市场；⑤为城镇发展提供劳动力。

---

[7] 董利民. 城市经济学[M]清华大学出版社，2011(1)：50-52.

（2）工业化是城镇化的根本动力

工业革命冲破了自给自足、分散无序的农村自然经济的桎梏，使得资本和人口在机器大生产中高度集中，由此导致城镇规模的不断扩张和城镇数量的急剧增加。可以这样形容这两者的关系："工业化是城镇化的发动机，城镇化是工业化的推进器"。工业化是城镇化的决定性动因，它对城镇化的推动作用具体表现在以下几个方面：①工业化发展促进了工业的集中和企业规模的扩大，从而导致城镇规模的扩大和新工业城市的形成，这是"集聚经济效益"作用的必然规律；②工业化带来的产业结构升级的变化不断地吸引着从土地中释放出来的农村富余劳动力，从而促进了城镇人口的增加；③工业化由于技术含量和剩余价值较高，使以大工业为基础的城镇经济成为国家经济生活的主体，使生产力发展的动力和重心从农村转移到城镇，强化了城镇的中心地位；④工业化使城镇经济关系和生活方式逐渐渗透到农村，不断瓦解的自给自足的自然经济同城镇发生越来越紧密的联系，从而改变着他们的生活习惯、文化传统以及物质和文化生活的需要。

（3）第三产业是城镇化的后续动力

随着工业化国家产业结构的调整，第三产业开始崛起，并逐渐取代工业而一跃成为城镇产业的主角。城镇化进程的"接力棒"从此传到了第三产业的手上，并由它继续推动下去。这种后续动力作用，主要表现在：①生产配套性服务需求的增加；②生活消费性服务需求的增加。

三、"三化"协调发展对经济发展的贡献

国家非常重视城镇化、新型工业化和农业现代化的发展，尤其提出要统筹推进三者协调发展。特殊体制下的兵团，国家赋予其"屯垦戍城、中流砥柱和建设大军"的特殊责任和任务，其"三化"协调发展对兵团的经济社会全面健康发展和"三大"作用的充分发挥有着重要的作用和贡献。最突出的表现：①加快新型

城镇化进程，完善现代城镇体系建设；②推进新型工业化进程，完善现代产业体系建设；③促进农业现代化建设实现，加快农业生产方式转变。

（一）加快新型城镇化进程，完善现代城镇体系建设

"三化"协调发展对经济发展的贡献之一，即加快兵团新型城镇化建设，进一步推动农村剩余劳动力向城镇转移。在城镇化发展过程中，要注意优化城市结构和空间布局，优先发展具有地区性质的区域中心城镇，稳步提升中等城镇；同时积极发展具有兵团特色的城镇、中心城镇和边境团场城镇，进一步推进产业转移和人口集聚，形成环境友好型、复合功能型的城市，最终实现功能互补、结构合理和层次分明的现代城镇体系。

（二）推进新型工业化进程，完善现代产业体系建设

"三化"协调发展对经济发展的贡献之二，即推进新型工业化进程，完善现代产业体系建设。现代产业体系涉及到产品的种类和结构、原材料的供给和深加工、产品链的延伸和拓展等诸多方面，为实现现代产业体系的全面发展，①可以大力调整工业内部组织结构，包括企业自身组织结构和产品结构，一方面积极培育战略性的新兴产业，如清洁能源、数字视听产品等，另一方面加快发展现代服务业，提高服务人员素质和业务水平，通过服务业将工业产品链的各个环节衔接起来，实现工业和服务业的有机结合，从而促进产业结构的升级和经济质量效益的提高；②可以培养自主创新能力，通过创新来调整产业结构，实现产业低碳、环保的可持续发展，提升产业的核心竞争力；③可以推进产业信息化建设，优先发展信息化产业，将信息化建设渗透到各个产业之中，尤其是对于生产力水平较低、资本市场尚不完善的地区来说，信息化建设显得尤为重要。

（三）促进农业现代化建设实现，加快农业生产方式转变

"三化"协调发展对经济发展的贡献之三，即促进农业现代化建设实现，加

快农业生产方式转变。农业现代化的实现和快速推进,①可以巩固和加强农业在兵团的基础地位,维护好现有粮食生产的同时,促进转变农业发展方式,先进农业科技和管理技术也会大大提高。农业生产经济结构得到调整及优化,在实现农村剩余劳动力向城镇稳定转移的基础上,推进农业生产的规模化和产业化经营,从而提高农业劳动生产率,增加农业收益,为城镇化和工业化的顺利进行提供更为有效的基础保障。②可以保护粮食调出地的经济利益,提高粮食生产的动力,促进信息平台建立,提高农业生产、销售、管理和服务的能力。③可以延伸农产品产业链条,提高农产品经济附加值,从而获取更多的经济效益,更好地为"三化"协调发展创造条件。

四、兵团"三化"意义及逻辑关系

推进"三化"既是中央对兵团的要求,也是兵团发展和转变发展方式以及率先在西北地区实现全面建成小康社会的重要途径。城镇化是载体,新型工业化是支撑,农业现代化是基础。城镇化发展离不开工业化的支撑,工业化离不开城镇化的承载。城镇化如果缺少工业化带来的产业支撑,必然经济脆弱,缺乏造血功能。仅有人口规模和城镇面积扩张的城镇化,不是真正意义上的城镇化。城镇化是工业化的必然结果,正所谓"工业化创造供给,城镇化创造需求"。农业现代化的实现离不开工业化和城镇化的辐射带动。兵团农业剩余劳动力向城镇集中,使农业职工摆脱对土地的依附,带动土地流转,促进城镇二、三产业发展,促进城乡资源有效互动,提高市场要素配置效率,增强工业发展动力。三者紧密相连,相互作用,相辅相成,互为一体。

城镇是工业和农业发展的载体和平台,是制度创新、产业升级的主角,是人口的"蓄水池",是科技、信息的"集散地",是社会各项事业发展的基础和社会文明的标志。对兵团来说,城镇化不仅具有上述一般功能,而且还是弥补兵团特殊体制不足、完善兵团行政职能的重要手段，是兵团特殊体制与市场经济结合的有效载体，是新形势下兵团实现由屯垦戍边向建城戍边的重大变革，是不发达的兵团谋求发展的必要条件和促进经济增长的必要进程与有效手段，是兵团走向现代化的必由之路。

工业化是传统农业社会向现代工业社会转变的过程，是现代化的基础和核心，是城镇化发展的基本动力，是农业现代化发展的"助推器"。一方面，工业化发展所形成的集聚效应使工业化对城镇化产生直接的带动作用。工业生产必然向城镇集聚，集中的过程就是城镇产生与发展的过程。另一方面，工业的快速发展带动第三产业的繁荣，从而创造更多的非农就业机会，直接带动人口向城镇迁移和集中，推动越来越多的生产要素向城镇集结，加快城镇化步伐。工业化为农业现代化提供资金、技术、装备、管理和龙头企业，促进农业生产与市场对接，推动农业现代化进程。

农业现代化是世界性的大趋势，一些发达国家在20世纪60年代前后就成功地实现了由传统农业向现代农业的转化。农业既是国民经济的基础，也是兵团赖以生存和发展的基础，更是兵团的优势所在。在水土资源制约日益显现、外延式发展模式难以为继的情况下，走现代农业发展道路是兵团农业的不二选择。农业现代化也是加快推进兵团城镇化和新型工业化的重要基础。一方面，农业现代化可以带动与农业关联度很高的农副产品加工业。农副产品加工业是兵团实现工业化优势明显、潜力最大、见效最快的重要领域。另一方面，农业现代化是加快兵团城镇化的重要支撑和推动力量。一是通过农业现代化，可以大幅度提高农业生产效率，从而可以使大量的农业劳动力进入城镇二、三产业就业；二是通过农业现代化可以带动壮大二、三产业，为城镇化提供产业支撑。

（一）兵团"三化"发展历程

兵团的"三化"是伴随着新中国的发展和屯垦戍边事业的发展而发展的。发展历程无不烙下了兵团自身和国家发展历史的印记，并受到较大影响。从兵团自身看，都经历了兵团的缘起、成立、撤销、恢复和计划单列以及中央新疆工作座谈会对兵团工作前所未有的加强；从国家发展史看，都留下了新中国成立、十年"文革"、改革开放、西部大开发和全面深化改革的重大历史印痕。这也说明了推动兵团"三化"发展的力量一方面来自兵团自身的内在动力，一方面来自国家政策层面的外生力量。兵团自身的努力是推动"三化"发展的根本，国家的政策支持是兵团和兵团"三化"发展的重要保障。

1. 兵团城镇化发展历程

兵团城镇建设起源于"地窝子"，"地窝子"也是兵团筑城梦想的起点。石河子规划建设拉开了兵团城镇化建设历史的序幕。在石河子建城的示范效应下，奎屯建城不甘落后，于1962年出版的《中华人民共和国地图》上第一次标出了"奎屯"这一地名。十年"文革"和兵团撤销期间，兵团城镇建设投资减少，原有城镇集聚地（团场）聚集功能不断衰减，人口不断流失，工业移交地方，失去产业支撑，城镇建设几乎停滞。随着改革开放和兵团恢复，兵团城镇建设才得到恢复性发展。九十年代兵团实行计划单列，迎来城镇建设较快发展的转机。1997年中央下发《中共中央、国务院关于进一步加强新疆生产建设兵团工作的通知》决定，积极创造条件，参照石河子的管理方式，在兵团一、三、六、十师的阿拉尔、图木舒克、五家渠和北屯设立自治区直辖市。《通知》吹响了兵团城镇化建设的号角，是兵团城镇化建设的历史性拐点。2010年中央新疆工作座谈会的召开，把兵团城镇化建设推进了新的历史时期。总体看来，兵团城镇发展大致经历了六个阶段：

第一阶段：奠基创业时期（1954—1966年）。兵团大规模开荒建农场，建成了99个国营团场和8个牧场，这些团场大多集中连片、相对独立，又远离地方县市，自发形成了小城镇的雏形以及比较集中的团场群。以这些农牧团场群为依托，出现了如石河子、奎屯、北屯、五家渠等一批城乡结合，且农、工、商、学、兵俱全的军垦新城。这一时期，兵团团场城镇发展处于起步时期，城镇功能主要体现在政治中心和物流中转中心。此阶段兵团城镇发展的特点，一方面为兵团经济社会发展和城镇化奠定了基础，另一方面受计划经济和农业为主导的产业结构影响，基础设施比较落后。

第二阶段：缓慢发展时期（1966－1976年）。兵团发展经历了十年"文革"和兵团建制撤销两次重大挫折。团场和城镇基础设施建设投入严重不足，原有的城镇基础遭到破坏，城镇发展缓慢。

第三阶段：恢复发展时期（1976－1991年）。由于文化大革命结束、兵团体制恢复和改革开放逐步深入，个体、私营经济得到发展，产业结构不断调整，形成了以农业为主体，工、商、贸一体化发展的经济格局。在这种产业结构转变的大背景下，兵团城镇基础设施投资有所增加，城镇化建设缓慢恢复。

第四阶段：加速发展时期（1992－1999年）。五家渠、阿拉尔、图木舒克被国家批准为县级市，石河子市北泉镇成为全国38个小城镇建设试点单位之一，是兵团唯一的建制镇。1991年4月，兵团开展农牧团场规划工作，制定了团场小城镇总体规划图，大大加快了团场集镇的发展。

第五阶段：全面推进时期（2000－2009年）。2000年，中央提出了实施西部大开发战略，明确提出强化兵地大融合，兵团城镇化得到全面推进。38个重点小城镇建设和"金边工程"建设列入兵团重点实施的"四大工程"。特别随着2004年1月五家渠、阿拉尔、图木舒克3个新建市挂牌成立，兵团城镇建设进入了投资多、建设快、变化大的时期。

第六阶段：深入推进时期（2010年至今）。2010年，中央新疆工作座谈会提出了"在战略地位重要、经济基础较好、发展潜力较大的兵团中心垦区增设县级市"的要求，并首次将城镇化置于"三化"之首，兵团城镇化进入了深入推进的新阶段。

2. 兵团工业化发展历程

兵团成立初期，工业生产只是满足基本生活所需要的粮油加工厂、被服厂、修造厂，总量小，产品单一。五十年代末、六十年代初，响应毛主席"全党动手兴办工业"的号召，相继建成"八一糖厂""八一棉纺织厂""八一毛纺厂""红山嘴电站""跃进钢铁厂""通用机械厂""天山化工厂"等一大批骨干企业，初步形成了门类较多的工业体系。许多行业填补了自治区空白，为新疆工业发展奠定了基础。1975年兵团撤销后，部分企业移交地方，兵团工业发展受到重创。改革开放后，随着1981年兵团建制恢复、工业经济兴起新一轮发展高潮，兵团工业发展大致经历了五个阶段。

第一阶段：早期发展阶段（1954—1966年）。这一时期兵团工业发展又可分为初步发展阶段（1954—1957年）、大跃进阶段（1958—1960年）、调整整顿大发展阶段（1961—1966年）。这一时期，兵团工业企业全部为国有企业，工业投资资金80%以上来源于自筹，工业结构呈现轻工业太重、重工业太轻。1965年轻重工比例为72:28。

第二阶段：停滞或缓慢增长阶段（1967—1981年）。这一时期又可分为"文化大革命"阶段（1966—1975年）和兵团体制撤销阶段（1975—1981年）。"文化大革命"使兵团工业遭到严重破坏，工业增加值降到1957年以来的最低点。1975年兵团被撤销，所属大部分工业企业划归地方，兵团经济元气大伤。

第三阶段：恢复和快速增长时期（1981—2004年）。这一时期大体可划分为兵团体制恢复企业改革阶段（1981—1992年）和快速增长阶段（1992—2004年）。1981年兵团建制恢复，开始了第二次创业，工业投入资金力度加大，产品产量大幅增长，工业逐渐复苏。但进入九十年代以后，兵团工业面临市场经济、国企改革以及兵团特殊体制的限制，工业发展面临困境，增长速度回落。直到进入新世纪，兵团工业才开始摆脱困境。2003 年，兵团对全民所有制工业企业进行股份制改造，工业资产质量大幅提高。这一时期，国有企业一统天下的格局逐渐被打破，多种所有制企业开始出现。

第四阶段：新型工业化阶段（2004 至今）。这一时期大致可分为两个阶段：前一阶段是新型工业化提出起步阶段（2004－2009 年）。2004 年兵团党委出台了《关于加快推进新型工业化的决定》，强调了工业化在现代化中的基础和核心地位，提出了构建农产品加工基地和优势矿产资源转换两大基地，确立了食品及医药工业、纺织工业、农用装备制造业、石油化工及矿业、建材工业、能源工业等六大支柱产业；后一阶段是新型工业化大力推进阶段（2010 年至今）。2010 年 5 月中央新疆工作座谈会召开，兵团拉开了大建设、大开放、大发展的序幕。兵团六届四次全委扩大会议提出了以实施"四个一千亿工程"（即到 2020 年，食品饮料及饲料、制药产业产值达到 1000 亿；纺织服装产值 1000 亿；煤电煤化工产值 1000 亿；石油化工、特色矿产资源加工、建材和装备制造业等产值 1000 亿元）为抓手，加快推进新型工业化进程。这一阶段，兵团战略新兴产业初现端倪。新材料领域，初步建成全球第三家碳化硅晶胚规模化生产基地，"超级电容器电极用多孔碳材料"形成年产 50 吨的生产线，打破了发达国家对该领域的技术封锁；新疆西部宏远电子有限公司生产的特高压电极箔填补了国内空白；生物医药领域，天康畜牧生物技术股份有限公司生产的口蹄疫 O 型、亚洲 I 型三价灭活疫苗作为国家注册的三类新兽药，技术达到国内先进水平。

3. 兵团农业现代化发展历程

兵团农业是伴随着新中国的诞生、成长的历程而奠定和发展起来的。兵团人继承和发扬"南泥湾精神"，扎根边境，艰苦奋斗，开垦荒漠，为国家生产了大量的粮、棉、油、糖产品，并建立了商品基地，在科技兴农，实现农业现代化方面发挥了示范引领作用。兵团农业现代化发展历程既有与城镇化和工业化受国家政策变化影响一致的历史脉络，还有兵团恢复后的具有兵团特色的农业、农牧团场的改革及农业技术发展的历程，大致可分为五个阶段：

第一阶段：新疆和平解放到兵团成立前的奠基时期（1949年9月—1954年10月）。新疆和平解放，为克服长期战争遗留下来的困难，加速新民主主义经济建设，1949年毛主席发出"军队参加生产建设"的指示。1950年中国人民解放军新疆军区发布大生产命令，要求驻疆部队必须发动11万人到开荒种地的农业生产战线上去。自此拉开了农业大生产的序幕。1950—1954年，部队累计开荒221.85万亩，耕地面积达到166.95万亩，建成国营农牧场43个。总人口17.55万人，人均粮食409.4千克，当年上缴国家粮食1.69万吨。

第二阶段：兵团成立后到"文化大革命"开始前的农业大发展时期（1954年10月—1966年5月）。1954年10月7日，新疆军区生产建设兵团成立。兵团主要任务是加速国营农场建设，扩大耕地面积，提高产量，发挥国营农场先进示范作用，促进新疆农业社会主义改造，使各族农民的生产迅速得到发展，支援国家社会主义建设。从1955年开始兵团的经济生产被纳入国家计划。到1965年末，兵团耕地面积达到1148.7万亩、播种面积772.2万亩，比1954年分别增长2.4倍和2.49倍。粮食总产56.1万吨、棉花2.8万吨、油料1.2万吨、糖料15.1万吨，比1954年分别增长3.58倍、1.59倍、4.63倍和44.14倍。粮食、棉花单产分别提高14.7%和56.9%。

第三阶段："文化大革命"开始到兵团恢复前的农垦总局时期（1966年5月—1981年12月）。"文化大革命"使兵团农业遭到严重破坏，组织瘫痪，制度废弛，耕作粗放，科技丢弃，农作物单产、总产逐年降低。1966—1975年期间，粮食总产只有两年达到1966年产量水平，棉花没有一年达到1966年产量水平；油料总产大起大落，徘徊不前；甜菜总产大幅下降。1975年，兵团建制撤销，成立新疆农垦总局，归自治区领导，农业生产受到影响。1975—1977年，虽然总播面积有所增加，但由于生产水平下降，3 年亏损 6.7 亿元。1978 年 2 月，新疆农垦总局改由国务院主管和自治区双重领导，国家建设投资和农场需要的主要物资由国务院主管部门直接供应。加之同年十一届三中全会召开，新疆农垦系统进行一系列改革，特别是推行财务包干、物资直接供应等，新疆农垦事业逐渐好转，农业得到恢复和发展。1981 年农业总产值 13.59 亿元，比 1978 年增长 40.3%。

第四阶段：兵团恢复后到兵团农业产业化正式提出前的农业生产关系和生产力变革时期（1982－2005 年）。在生产关系上，推行了以家庭联产承包为基础、统分结合的双层经营体制。在生产力上，实施了"科技兴农"工程，农业发生五次科技飞跃，分别是：兵团恢复到 1986 年，推广地膜覆盖栽培技术，即"白色革命"；1986－1993 年，推广"五个一"培肥工程（即：在亩施化肥的基础上，或亩施 1 万千克厩肥，或亩翻压 1 万千克绿肥，或亩施 1000 千克羊粪，或亩施 100 千克油渣，秸秆除满足牲畜饲草需求外，全部翻压还田）；1994－1998 年，推广种植业"十大"主体技术（即：良种法、模式化栽培、地膜覆盖、节水灌溉、改土培肥、综合植保、化肥深施、标准化条田建设、土壤深松和人工影响天气）；1999-2004 年，提出和推广精准农业六项技术（即：精准灌溉、精准施肥、精准种子工程、精准播种、精准收获、田间作物生长及环境动态监测）和两高一优（指高密度优质高产栽培模式）；2005 年提出了"农作物优良组合杂交一代种子进大田和工厂化育苗机械化移栽"模式。

第五阶段：农业产业化和农业现代化时期（2006 至今）。2006 年，兵团党委召开农业产业化工作会议，出台了《兵团党委关于加快推进农业产业化发展的决定》，启动实施了农业产业化"6221"工程（即：做强、做大棉业、糖业、酒业、果蔬业、畜牧业、种子业六大主导产业；择优扶强，打造 20 家销售收入过 10 亿元、利润超千万元的农业产业化龙头企业；以质取胜，创建 20 个以上自治区或国家级知名品牌；突出重点，建设 10 大特色农产品生产基地）。2007 年，在温家宝总理视察新疆工作的重要讲话及国务院制定的《关于进一步促进新疆经济社会发展的若干意见》中明确要求"发挥兵团集约化生产优势，重点支持优质棉花和粮食生产，建设节水灌溉示范基地、农业机械化推广基地和现代农业示范基地"，为兵团农业现代化发展指明了方向。兵团"十二五"规划明确提出"坚持走城镇化、新型工业化和农业现代化'三化'道路"，并专篇作了题为"加快推进农业现代化，夯实跨越发展基础"的部署。2012年2月兵团又专门出台并印发了《兵团农业现代化建设中长期规划（2011—2020年）》。兵团农业现代化得以积极推进，快速发展。

（二）兵团"三化"发展现状

随着中央新疆工作座谈会、党的十八大和十八届三中全会以及第二次中央新疆工作座谈会的相继召开，兵团掀起了大建设、大开放、大发展的热潮。改革开放逐步深化，经济社会全面发展，兵团工业化、城镇化和农业现代化业已进入新的发展阶段。

1. 城镇化正处于加快发展阶段

2011年12月28日北屯市正式成立；2012年2月29日铁门关市成立；2014年2月26日双河市成立；2012年8月1日和11月6日，六师梧桐镇和蔡家湖镇分别挂牌成立；2013年1月23日阿拉尔市金银川镇获批；同年9月29日，石河子乡撤乡建镇。中央新疆工作座谈会以来，兵团先后成立3个市、4个镇。截至目前，兵团拥有7个县级市、5个镇。2013年兵团城镇化率达到62.3%，较2009年提高15.3个百分点。师建城市、团场建镇步伐明显加快，探索师市合一、团镇合一的有效形式取得新突破。到2015年，兵团将形成以10个城市、10个垦区中心城镇、160个一般团场城镇、400个中心连队居住区为基础的城镇体系。世界各国城镇化发展的过程表现出明显的阶段性特征。当城镇人口超过30%后，城镇化进程出现加快趋势；城镇人口在50%前后的一段时期发展最快，这种趋势一直要持续到城镇人口超过70%以后才会趋缓。根据国际经验和兵团"十二五"城镇规划判断，兵团目前正处于城镇化加快发展阶段。

2. 工业化由初期向中期迈进阶段

2013年，按当年汇率计算兵团人均GDP达到8914美元，三次产业比重为29.0:41.8:29.2，工业增加值占GDP比重28.4%，制造业增加值占总商品增加值比重30.9%。2013年主要工业产品与2009年相比，成品糖（17.84万吨）增长28.0%，纱（24.24万吨）增长22.9%，水泥（1844.36万吨）增长1.6倍，发电量增长38.8倍。工业形成了电力煤炭、建材化工、纺织食品等六大支柱产业。年末兵团共有各类园区29个，其中国家级经济技术开发区5个，自治区级园区3个。根据国际经验判断，兵团目前正处于由工业化初期向工业化中期迈进阶段（见表3-1）。

表3-1 工业化不同阶段主要指标的标志值

主要指标	前工业化阶段	工业化实现阶段			后工业化阶段	2013年兵团相关指标数值
		工业化初期	工业化中期	工业化后期		
三次产业结构	A>I	A>20% A>I	A<20% I>S	A<10% I>S	A<10% I<S	A=29.0% I>S
第一产业从业人员比重	60%以上	45%～60%	30%～45%	10%～30%	10%以下	33.9%
制造业增加值占总商品增加值比重	20%以下	20%～40%	40%～50%	50%～60%	60%以上	34.1%

注：工业化阶段划分的标准，依据钱纳里、库兹涅茨、郭克莎、陈佳贵、宋洪远等人的相关研究确定。表中A、I、S分别代表第一、二、三产业增加值占GDP比重；总商品增加值是指第一、二产业增加值之和。

3. 农业现代化已进入成长阶段

2013年，兵团高效节水灌溉面积1247.30万亩，占总播种面积70.8%。作物精量、半精量播种面积1285.80万亩，占总播种面积73.0%。测土配方施肥面积1023.50万亩，占总播种面积58.1%。种植业耕、种、收综合机械化率92%，棉花机采率65%，畜牧业机械化水平74%，园艺业机械化水平64%；有国家级农业产业化龙头企业15家；建成1个全国农业产业化示范基地，2个全国现代农业示范区，4个全国农产品加工示范基地，18个全国"一村一品"示范团场，23个国家级无公害农产品示范基地和国家级农业标准化示范农场；逐步形成了引领地方和全国的农业发展优势，是全国重要的优质商品棉出口基地，全国最大的节水灌溉基地和最大的工业用番茄生产基地。根据有关专家对我国农业现代化不同阶段的划分标准研究成果，选择了农业增加值比重、农业从业人员比重、农产品商品率、农业劳动生产率、农业机械化率和农业科技进步贡献率6项指标，作为判断兵团农业现代化发展阶段的基本依据。根据2013年主要指标值综合判断，目前兵团农业现代化总体上处在成长阶段（见表3-2）。

表3-2 农业现代化不同阶段主要指标标志值

主要指标	传统农业阶段	农业现代化实现阶段			后农业现代化阶段	2013年兵团主要指标值
		起步期	成长期	成熟期		
农业增加值比重	>50%	20%～50%	10%～20%	5%～10%	<5%	29.0%
农业从业人员比重	>80%	50%～80%	20%～50%	6%～20%	<6%	33.9%
农产品商品率	<30%	30%～60%	60%～90%	90%～95%	>95%	88.6%
农业劳动生产率（万元/人）	<0.54	0.54～1.28	1.28～2.16	2.16～3.60	>3.60	9.82
农业机械化率	<5%	5%～30%	30%～60%	60%～80%	>80%	92.0%
农业科技进步贡献率	<5%	5%～30%	30%～60%	60%～80%	>80%	57.89%

注：农业现代化阶段划分标准，是根据中国农业科学院课题组（2010）、黄德林（2010）、宋洪远（2013）等研究成果确定。农业科技进步贡献率为2012年度数据。

（三）兵团"三化"存在的问题及面临的挑战

从工业化、城镇化和农业现代化协调发展要求看，城镇化和农业现代化滞后于工业化，农业现代化和城镇化还不够协调。这不仅是当前"三化"发展存在的突出特点，也一定程度上反映了"三化"发展不同步存在的主要问题。

1. 当前"三化"不协调发展存在的问题

从结构转换看，城镇化滞后于工业化，就业结构滞后于产业结构转换。兵团恢复以来，农业增加值和就业比重总体上呈下降趋势，但下降过程有反复、不稳定，尤其是农业增加值比重。2001年以来，农业增加值比重降到40%以内；2010年，也就是中央新疆工作座谈会召开以来，农业增加值比重呈稳步下降态势。农业就业人员比重2012年才下降到40%以内，滞后于农业增加值比重十余年；2013年下降幅度突然加大，由2012年39.36%下降到33.93%，下降5.43个百分点。农业从业人员比重从2006年开始呈逐年下降态势，这与2005年兵团党委召开工业工作会议，决定加快推进新型工业化有密切关系。2000年以来的14年里，农业就业人员比重高于农业增加值比重10个百分点以上的年份有8年，6-10个百分点的有5年；2013年偏差相对较小，相差4.9个百分点（见表3-3）。就业结构转换滞后于产业结构转换，农业劳动力难以转移出来，农业规模经营难以发展，农业现代化进程难以加快，一定程度上迟滞了城镇化进程。用人均GDP衡量工业化水平来评价城镇化与工业化的关系也是当前国际上流行的一种方法。根据钱纳里-赛尔昆模型测算（《发展的模式1950－1970》），人均GDP达到9000美元时，对应的城镇化率应该达到65.8%。2013年兵团人均GDP达到8914美元，相对应的城镇化率应该达到65%；而实际城镇化率为62.3%，比预测值低2.7个百分点。考虑到兵团城镇化特殊的计算方法以及城镇化的质量，可能比预测值还要低更多。这也验证了城镇化滞后于工业化的结论。

表 3-3 第一产业就业结构与产值结构偏差

年份	GDP（亿元）	第一产业增加值（亿元）	就业人数（万人）	第一产业就业人数（万人）	第一产业增加值比重（%）	第一产业就业人员比重（%）	就业结构与产值结构偏差（百分点）
1954	1.18	0.17	13.33	5.87	14.61	44.07	29.46
1975	3.56	2.07	76.10	57.89	57.98	76.07	18.09
1982	13.07	5.83	95.96	61.12	44.57	63.70	19.13
1990	45.69	20.91	106.30	54.86	45.77	51.61	5.84
1995	121.60	56.00	106.55	50.26	46.05	47.18	1.12
2000	176.41	71.63	92.58	43.82	40.60	47.33	6.73
2001	189.71	62.82	93.31	43.88	33.12	47.02	13.91
2002	214.13	76.36	95.51	45.19	35.66	47.32	11.66
2003	257.78	109.10	97.55	49.32	42.32	50.56	8.24
2004	288.81	115.13	97.59	49.25	39.86	50.47	10.60
2005	331.12	130.65	98.81	48.39	39.46	48.97	9.52
2006	376.03	142.19	98.75	48.70	37.81	49.32	11.51
2007	441.22	162.58	99.51	48.97	36.85	49.21	12.36
2008	523.30	182.32	102.40	48.09	34.84	46.96	12.12
2009	610.69	204.74	103.57	48.37	33.52	46.71	13.18
2010	770.62	278.81	106.18	48.63	36.18	45.80	9.62
2011	965.66	324.04	112.32	49.35	33.56	43.94	10.38
2012	1197.21	388.37	117.22	46.14	32.44	39.36	6.92
2013	1499.89	435.48	125.34	42.53	29.03	33.93	4.90

从工农关系看，农业现代化滞后于工业化，工农业劳动生产率差距扩大。国际经验表明，在工业化中后期阶段工农业增长速度比值为 2 左右。中科院系统科学研究所陈锡康、黄四民（1992《农业经济问题》）研究认为，我国工农业增长速度的最优比值约为 2.5，上限为 2.9。2010 年以来，兵团工农业增加值增速比值在 3 以上，超过了上限。当工农业增长速度的比值长期超过上限，就会影响经济的持续协调发展。20 世纪 90 年代以来，尽管兵团工农业劳动生产率都有较大幅度的提高，但农业劳动生产率与工业劳动生产率之间的差距总体上扩大。2013 年第

二产业劳动生产率是第一产业的2.03倍,比20世纪90年代中期扩大了1倍多(见表3-4)。工农业发展不平衡,造成了农业比较效益较低,影响农业现代化顺利推进,削弱了工业化持续健康发展的基础。

表3-4 工农业发展差异

年份	农业增长速度（%）	工业增长速度（%）	工农业增长速度之比	农业劳动生产率（万元/人）	第二产业劳动生产率（万元/人）	第二产业与农业劳动生产率之比
1991	0.00	11.90		0.38	0.54	1.41
1992	-1.70	3.80		0.37	0.59	1.60
1993	-0.10	6.00		0.42	0.67	1.61
1994	17.70	2.30	0.13	0.74	0.86	1.16
1995	19.20	-3.10		1.11	1.01	0.91
1996	-1.90	-6.70	3.53	1.15	1.01	0.88
1997	14.10	6.70	0.48	1.34	1.16	0.86
1998	11.60	2.80	0.24	1.46	1.40	0.96
1999	0.80	10.80	13.50	1.25	1.78	1.43
2000	12.80	18.70	1.46	1.58	2.17	1.37
2001	-5.10	8.30		1.43	2.62	1.83
2002	16.30	10.50	0.64	1.71	2.88	1.68
2003	8.40	15.20	1.81	2.31	3.18	1.38
2004	10.00	9.30	0.93	2.34	3.78	1.62
2005	8.50	20.40	2.40	2.68	4.45	1.66
2006	11.35	19.11	1.68	2.93	5.28	1.80
2007	7.60	24.60	3.24	3.33	6.81	2.04
2008	9.07	21.76	2.40	3.76	8.74	2.33
2009	6.96	25.82	3.71	4.24	10.70	2.52
2010	11.77	18.54	1.57	5.75	12.91	2.25
2011	7.65	28.61	3.74	6.61	16.06	2.43
2012	9.00	30.32	3.37	8.13	17.67	2.17
2013	8.00	27.80	3.48	9.82	19.97	2.03

从城乡关系看，农业现代化与城镇化还不够协调，城镇居民和团场农牧工收入消费还存在一定差距。城镇居民和团场农牧工收入差距虽然总体缩小，但2011年以来改善不明显，收入比一直维持在1.62。城镇居民与团场农牧工支出比值总体缩小，但不稳定，时有反复，且2011年以来有反弹扩大趋势（见表3-5）。近年来，城镇居民与团场农牧工家庭消费水平和消费结构进一步改善不明显，恩格尔系数处于波动状态。城镇居民消费水平不及团场农牧工，反映了兵团城镇化质量不高。

表3-5 城镇居民与团场农牧收入和消费对比

年份	城镇居民人均可支配收入（元/人）	城镇居民人均消费性支出（元/人）	团场农牧工人均纯收入（元/人）	团场农牧工人均消费性支出（元/人）	城镇居民恩格尔系数	团场农牧工恩格尔系数	城镇居民与团场农牧工恩格尔系数差值	城镇居民与团场农牧工收入比	城镇居民与团场农牧工支出比
2005	8353	6197	4105	3185	37.84	32.97	4.87	2.03	2.23
2006	8966	6935	4827	4042	35.50	30.68	4.82	1.86	1.99
2007	10521	8400	6193	4367	35.21	32.30	2.91	1.70	2.10
2008	11836	9206	6771	5010	35.75	31.86	3.89	1.75	2.06
2009	12929	9698	7669	5155	32.38	30.93	1.45	1.69	1.97
2010	14559	11793	8783	7176	29.72	26.71	3.01	1.66	1.83
2011	16625	13933	10233	11440	32.63	28.60	4.03	1.62	1.39
2012	19641	15538	12106	13940	32.52	24.79	7.73	1.62	1.46
2013	23138	16968	14313	13642	33.86	26.39	7.47	1.62	1.60

2. "三化"协调推进面临的挑战

当前，兵团城镇化、新型工业化和农业现代化正处于加快发展阶段，但协调推进"三化"发展还面临着城镇化内生动力不足、新型工业化产业层次低和农业产业化发展滞后等问题。

城镇化质量不高，内生动力不足。一是经济基础薄弱。尤其是团场小城镇，非农产业产值比重偏低，农业经济占主导地位，农业从业人员比重较大，处于以农业为支撑的发展阶段上，"产业空心化"特征明显，更多的表现为消费型城镇。二是小而分散。兵团农牧团场主要分布在古尔班通古特、塔克拉玛干两大沙漠周围和边境沿线，地理环境较差，交通不便，远离市中心，在新疆成散点式布局，与地方形成"你中有我"的格局。城镇空间跨度较大，尚未形成完整区域，没有集中连片的管辖区域。城市对区域辐射带动能力极为有限，小城镇因人口和产业规模普遍较小难以形成较强辐射力。三是人口聚集难度大。受农业生产方式、搬迁和住楼生活成本、就业和收入差距的影响，团场城镇人口聚集难度大。四是管理体制缺失。兵团团场不是一级行政职能完备的政府，绝大部分团场没有财政、工商、税收，在建设和社会管理方面没有法律赋予的管理职能和权限。城建投资主体和管理主体缺失，财力主要依赖于国家拨款和团场自筹，可持续保障能力不强。由于这些问题的存在，使得城镇的聚集和规模效应难以形成，带动产业结构调整和吸纳转移农业劳动力的能力得不到充分发挥。

新型工业化层次较低，产业带动能力不强。一是重工业太重。2013年重工业产值占全部工业总产值比重达到63.8%。随着工业结构重型化，工业资本密集程度快速提高、单位资本带动就业能力下降。对转移团场农业劳动力以及第三产业和城镇化发展产生不利影响。二是节能降耗压力巨大。2008年以来，兵团单位GDP能耗一直是全国的2倍以上。2013年兵团六大高耗能行业实现增加值占规模以上工业增加值比重59.4%，而能源消费量却占规模以上工业能源消费总量91.3%，高于增加值比重31.9个百分点。三是产业层次较低。依赖农副产品加工和能源资源的工业行业较多，新兴产业和科技含量高的企业较少，产业关联度不高，产业链条短，产品层次整体较低。原料性产品较多，精深加工产品比重小，缺乏高附加值、高关联度的强竞争力产品。四是产业及产业布局雷同。工业结构雷同现象严重，重复建设、重复规模、重复引进的现象不断发生。兵团与地方，各师（市）、团场、工业园区之间产业雷同，差异不明显，缺乏互补性，工业企业规模不经济，没有形成集聚效应。五是人才科技力量薄弱。人力资源存量不足，开发有限，引进难，流出多。企业自身科技力量弱，科技投入低。加之经济开发园区管理不完善，没有统一的管理条例，各开发园区自行制定优惠政策，导致企业过分依赖外部优惠政策而忽视企业自身内在竞争力的培养，企业内生竞争力不强。

农业发展基础薄弱，农业产业化滞后。一是水资源短缺。据探测新疆现有水资源储备量 832 亿立方米，占全国总水资源储备 10%。但新疆大部分水资源位于地下几千米到一万米，开发成本巨大，可直接用于生活和生产用水量非常有限。另一方面新疆气候干燥，水资源蒸发量大，且分布不平衡。受此影响，虽然兵团土地资源丰富，但开发潜力受到制约。一些师团由于水资源匮乏，导致大量耕地不能种，"以水定地"成为一些师团农业发展迫不得已的选择。同时城镇建设、生活和工业用水，进一步加剧水资源短缺。二是生态环境脆弱。兵团人工绿洲环境，园地和林地面积比重低，牧草地退化。林业、草地对维持生态平衡、调节气候、防风固沙、保护水土流失的功能发挥不足。而耕地面积比重大，主要是种植大宗农产品（如棉花、粮食、番茄等），生态农业、高科技农业发展相对迟缓，对减少生态环境压力作用不强。播种面积规模的扩大，农业主要化学物质消耗量不断攀升。长此以往，势必带来土地质量下降、盐渍化和农业面源污染（如农药、"白色"污染），制约团场和农业的可持续发展。三是农业现代化发展不平衡。大农业内部种植业现代化水平高于畜牧、林果、园艺业。种植业中棉花、粮食等大宗农产品现代化水平高于其他农产品。棉花等大宗农产品田间种植收获生产现代化水平高于产前产后现代化水平。四是农业产业化滞后。农产品加工转化率不高，龙头企业带动力不强，农产品规模化、产业化、商品化发展不足。品牌、基地建设滞后，龙头企业、农产品基地和农户利益联接机制不完善。农产品市场体系、农业社会化服务体系不健全。

第四部分　兵团"三化"协调性分析

一、系统协调的概念

（一）系统协调

协调是复合系统中各子系统间配合得当、相互适应、和谐统一，形成良性循环的动态发展关系，以达到减少系统运行的负效益、提高系统的整体输出功能和协同效应的目标。系统协调是指为实现复合系统整体发展演进目标，各子系统或各元素之间互相协作、互相配合、互相促进，以减少矛盾，共同发展，促进总体目标实现的一种良性循环态势。系统之间或系统组成要素之间在发展演化过程中彼此和谐一致的程度称为协调度，体现了系统由无序走向有序的趋势。

协调理论由德国著名学者哈肯于1971年创建，主要探讨各种相关系统由无序转为有序的过程和状态。在一个系统里，各子系统可通过互相作用产生协调模型，形成新的空间和时间结构，实现系统由无序到有序的变化，系统转向有序机理不在于系统现状是否平衡，也不在于系统距平衡态有多远，关键在于系统内部各相关子系统相互关联的程度。它决定着系统的规律和特征，主要包括自组织原理、伺服原理和协调效应三方面：自组织原理是指系统不受外部因素影响的条件下，其各子系统之间通过互相作用，如何自动地由无序走向有序，由低级有序走向高级有序，从而形成新的结构功能。伺服原理是指快变量跟随慢变量，子系统行为受序参变量的支配，从系统内部不稳定因素和稳定因素相互作用的方面来描述系统自组织过程。协调效应或称协同效应是指在复杂开放的系统里大量子系统之间相互作用产生的集体效应或整体效应。协调理论自提出以来应用范围非常广,对系统协调发展理论与方法的研究具有十分重要的指导作用。

(二)"三化"协调

城镇化、新型工业化和农业现代化是全面实现现代化的基本内容、社会经济发展的必然趋势。中共十七届五中全会提出"在工业化、城镇化深入发展中同步推进农业现代化",《新疆生产建设兵团国民经济和社会发展第十二个五年规划纲要》也提出"以城镇化为载体,以新型工业化为支撑,以农业现代化为基础"。"三化"是一个有机联系的综合系统,协调发展成为其必然的发展趋势,三者同步发展、均衡发展成为区域经济发展的前提条件。"三化"系统由城镇化、新型工业化和农业现代化三个子系统构成,每个子系统自成系统又各有其自身独特的特征。三个子系统之间相互联系,相互作用,相互影响,它们之间既互相竞争资源又互相推动,各子系统和要素的自组织活动是"三化"系统实现协调发展的内因和决定性力量。"三化"协调就是要妥善处理好三者间的关系,使三者相互促进、共同发展、良性循环,而不是相互制肘,制约发展。

以城镇化为载体,新型工业化为支撑,农业现代化为基础的"三化"协调发展有以下特征:"三化"是个开放的系统,它能不断地与外部经济、人口、环境、资源进行交换,获得有序能量。在"三化"的协调发展过程中政府的宏观调控起到了至关重要的作用;"三化"协调发展更加强调农业现代化建设的重要性。和以往的农业经济政策相比,首次把农业现代化放在了与新型工业化和城镇化同等重要的战略高度,强调三者必须同步协调发展。这不但突出了农业的基础地位,而且体现了对"三农"问题的重视程度;"三化"同步协调发展体现了科学合理规划城镇化、新型工业化和农业现代化发展蓝图,展现了科学发展观、可持续发展观在国家社会经济统筹发展方针中的重要地位。

所以,"三化"协调度的内涵可概括为:在政府的宏观调控中,在社会、人口、经济等外部因素影响下,"三化"总系统和三个子系统之间在发展中的相互适应、相互配合、相互促进的和谐程度。即"三化"的协调发展应包含在两个层面上:一是,各子系统要协调发展,即三个子系统相互补充、相互促进,实现各系统效益的最大化;二是,各子系统的自身要协调发展,即城镇化、新型工业化和农业现代化在现有条件下要实现自身的效益最大化。

二、"三化"协调发展的指标体系构建

(一)指标体系选择的原则

要全面客观真实地评价兵团城镇化的发展水平,则其评价指标的选取应该遵循以下原则:

第一,可行性原则。所选用的指标要有可靠的资料来源,尽量直接利用统计部门公开发布的统计资料或利用这些资料进行加工处理,在科学、客观和合理基础上,兼顾指标的实用性和可操作性。构建兵团"三化"指标体系必须要有可行性,指标数据既要易于收集整理,还要与现有统计方法相一致,而且要简洁清晰,方便经常进行动态跟踪。指标数量选取要立足现状,不需要太多,减少繁琐性,指标换算以简易为主,便于数据收集、整理和计算。

第二,可比性原则。所选取指标的名称、内涵、单位、计算口径和测算方法应带有统一性的特征,在时间和范围上指标所表达的内容应具有一致性。指标要较为全面客观地反映城镇化、新型工业化和农业现代化的特征,主要吸收国内外有关"三化"的量化标准,所选指标在国内外都有一定的可比性。

第三,系统性原则。指标体系必须分类合理、层次清晰,应是一个统一的有机整体。指标体系内部各指标之间要有一定的逻辑关系,不但要涵盖新型工业化的主要特征,反映其现状和发展,还要体现新型工业化内涵中各个方面的内在联系,并具有清晰的层次。指标体系不仅反映经济发展,还反映社会进步、环境保

护等方面的状况。

第四,科学性原则。围绕"三化"的内涵和特征来构建兵团"三化"指标体系,既要有普遍代表性,又能反映"三化"的主要情况,还要有所侧重。设置指标体系应该遵循科学性标准,力求简单实用。决策者可以通过该指标体系了解整个系统的状态,找出重点,来制定政策推动区域经济各个方面的协调发展。

第五,可调控性原则。指标体系应该充分反映兵团"三化"的整体状况和系统间的协调程度,为了实现各个系统间达到平衡发展的理想状态,指标体系应该具有可实行性和调控性,使政策的制定可以依据城镇化、新型工业化和农业现代化指标体系来构建兵团"三化"协调发展规划。

(二)指标体系的构建

1. 城镇化内容及指标体系构建

城镇化为兵团经济发展的载体,是兵团区域经济发展的内在动力。城镇化也被称为城市化、都市化、非农化,是人类的生产活动和生活方式由农业为主的传统乡村社会向以工业和服务业为主的现代城市社会逐渐转变的历史过程。表现为农业人口不断向城镇转移、第二、三产业不断向城镇聚集、城镇自身不断持续发展壮大、城市物质文明和精神文明向农村普及的社会发展过程。加快城镇化,引导人口向城市(镇)流动,有利于转移农村剩余劳动力,为农业规模经营提供可能;有利于产业聚集区建设,优化产业结构,提高产业效益;有利于拉动城镇建设投资,提升区域居民的整体消费水平;有利于消除城乡差异,实现城乡统筹发展。

兵团成立五十多年来,特别是改革开放三十多年来,兵团国民经济持续快速健康发展,社会经济建设取得举世瞩目的成就,城镇化水平逐年提高,城镇化体系建设不断完善。兵团正以城镇化为突破口,转变经济发展方式,为解决"三农"问题和改变城乡二元结构的切入点,实现城乡一体化,走有兵团特色的城镇化道路。

本研究立足于"三化"协调发展，根据兵团实际情况，并借鉴国内外相关研究成果，从城镇经济发展水平、城镇人口发展水平和城市社会发展水平三个方面来构建指标体系，反映兵团城镇化发展水平。具体指标如下：

（1）城镇经济发展水平主要反映了某一区域内城镇经济的总体水平和发展水平，本研究选取了社会消费品零售总额和第三产业劳动生产率两个指标来衡量。

社会消费品零售总额：指批发和零售业、住宿和餐饮业以及其他行业的企业（单位、个体户）通过交易直接售给城乡个人、社会集团非生产、非经营用的实物商品金额，以及提供餐饮服务所取得的收入金额。其中个人包括城乡居民和入境人员，社会集团包括机关、社会团体、部队、学校、企事业单位、居委会或村委会等，是反映地区零售市场变动情况和经济景气程度的重要指标。

第三产业劳动生产率：第三产业从业人员在一定时期内创造的劳动成果与其相适应的劳动消耗量的比值，反映了某区域内第三产业的综合发展水平。计算公式为：

$$第三产业劳动生产率 = \frac{第三产业占生产总值比重}{第三产业就业比重} \qquad (4-1)$$

（2）城镇人口发展水平主要反映了城镇人口规模及其构成情况，选择非农业人口占总人口比重一个指标来度量。

非农人口占总人口比重：总人口中非农业人口所占的比例，是反映城镇化率的重要指标。计算公式为：

$$非农人口占总人口比重 = \frac{非农业人口}{年末人口数} \qquad (4-2)$$

（3）城市社会发展水平主要反映了医疗卫生状况和基础教育条件等社会保障情况，是维护社会稳定和促进社会发展的前提条件。选取每千人拥有编制床位数和每千人在校初高中学生人数两个指标来体现。

每千人拥有编制床位数：反映了某一区域的医疗卫生条件，是区域社会保障水平的体现，也是城镇化社会生活功能是否完备的表现。具体计算公式为：

$$每千人拥有编制床位数 = \frac{医疗卫生机构编制床位数}{年末人口数} \times 1000 \quad (4-3)$$

每千人在校初高中学生人数：反映了某地区基础教育发展水平和状况，体现了城镇化生活功能的完备和可持续发展的能力。具体计算公式为：

$$每千人在校初高中学生人数 = \frac{初高中在校学生人数}{年末人口数} \times 1000 \quad (4-4)$$

2. 新型工业化内容及指标体系构建

新型工业化作为现代化的核心内容，是兵团经济发展的重要支撑。工业化即工业（特别是制造业）或第二产业产值（或收入）在国民生产总值（或国民收入）中比重不断增加，以及工业就业人数在总就业人口中比重不断上升的过程，最显著的特征是工业发展。所谓新型工业化，就是坚持以信息化带动工业化，以工业化促进信息化，就是科技含量高、经济效益好、资源消耗低、环境污染少，人力资源优势得到充分发挥的工业化。

工业是国民经济的支柱产业，经济发展的核心推动力。工业化是城镇化的主要动力，城镇化伴随着工业的腾飞而发展。工业化是农业现代化的源泉，直接影响农业现代化水平。传统的工业化主要以工业增长为目标，造成资源的过度消耗、环境的严重污染和城乡差距的急剧扩大等一系列社会经济问题。新型工业化以可持续发展为目标，把社会、资源和环境问题和工业发展结合起来，产业向园区集中，优化产业结构，实现产业升级，以此带动城镇化和农业现代化发展进程。

经过几十年的发展，兵团新型工业化发展水平良好，工业生产总产值逐年快速增加。新型工业化子系统的指标体系主要反映了地区经济发展的整体水平，本研究结合兵团工业经济发展实际情况，参考相关资料和专家意见，以新型工业化内涵为核心，从经济效益、生态平衡和科技信息三方面对兵团新型工业化进行度量。具体指标如下：

经济效益方面主要体现了兵团工业发展水平和总体质量,从规模和效率来反映兵团新型工业化水平,用工业产值比重和人均生产总值两项指标来体现。

工业产值比重:是指工业生产总值占全部生产总值的比重,是国际上衡量工业化程度的重要指标之一,公式如下:

$$工业产值比重 = \frac{工业生产总值}{国内生产总值} \times 100\% \quad (4-5)$$

人均生产总值:也称作"人均 GDP",是一个国家或地区在核算期内(通常是一年)实现的国内生产总值与所属范围内的常住人口(或户籍人口)相比进行计算,得到人均国内生产总值,是发展经济学中衡量经济发展状况的指标,重要的宏观经济指标之一,用来反映一个国家或地区的整体经济发展水平和工业水平,是人们了解和把握一个国家或地区的宏观经济运行状况的有效工具。计算公式为:

$$人均生产总值 = \frac{总产出}{总人口} \quad (4-6)$$

对环境的保护是新型工业化的重要特征之一,在生态平衡方面反映工业与资源、环境协调性,体现工业自身发展的可持续性。选取万元工业产值综合能耗作为这一方面的代表。

万元工业产值综合能耗:是一定时期企业单位综合能源消费量与工业总产值的比例。单位为吨标准煤/万元。计算公式为:

$$万元工业产值综合能耗 = \frac{能源消耗总量}{工业产值} \quad (4-7)$$

科技信息方面反映某一国家或地区的整体科技水平、科学研发能力、创新能力和信息化水平,是提高工业产出效率和效益的最有效途径,融合科技信息技术实现工业的跨越式发展。本研究选用兵团各地区第二产业劳动生产率和国有单位专业技术人员数作为科技信息方面的代表指标。

第二产业劳动生产率:一定时期内某地区第二产业从业人员创造的劳动成果

与其劳动消耗之间的比值,反映了第二产业的综合发展水平。计算公式为:

$$第二产业劳动生产率 = \frac{第二产业占生产总值比重}{第二产业就业比重} \quad (4-8)$$

专业技术人员数:指专门从事各种科学研究和专业技术工作的人员数。

3. 农业现代化内容及指标体系构建

农业是国民经济的基础,农业现代化为兵团经济发展的基础。农业现代化是指从传统农业向现代农业转化的过程和手段,是运用现代工业机械、现代科学技术、现代经济管理方法和现代文化知识来改造落后的传统农业,使之转化为先进的现代化农业。产业化经营、专业化生产、社会化服务的农业现代化使土地向规模经营集中,不仅促进城镇化的快速发展,而且为新型工业化提供了大量的原材料。

自兵团成立以来,农业一直作为兵团的支柱产业。"十一五"规划以来,兵团抢抓机遇,强化科技进步,加快农业发展方式转变,推进"三大基地"建设,农业产业化、规模化、专业化、标准化水平进一步提升。农业科技进步贡献率、农业综合机械化率和高新节水灌溉率在全国处于领先水平,农业经济保持了全面、持续、快速增长,为全面推进农业现代化奠定了坚实的基础。

对农业子系统指标体系的选取,本研究根据兵团农业发展实际,借鉴相关领域研究成果,参照专家意见,从反映农业规模化、农业科技化和农业可持续发展三个方面对兵团农业现代化进行测评。

农业规模化方面主要反映了农业生产效益、整体产出能力和规模化经营水平。选取的两个指标分别为第一产业就业比重和粮食单产。

第一产业就业比重:即从事第一产业的人员占所有就业人员的比重。计算公式为:

$$第一产业就业比重 = \frac{第一产业年末就业人数}{三次产业就业人数总和} \quad (4-9)$$

粮食单产:即粮食单位产出量,在粮食作物实际占用的耕地面积上,平均每公顷耕地全年所生产的粮食数量，体现了农业的粮食生产能力。计算公式为：

$$粮食单产 = \frac{粮食总产量}{总耕地面积} \qquad (4-10)$$

农业科技化既包括直接的农业技术投入，也包括依托科技进行的农业机械和各种化学肥料的投入，还包括农业经营方式的现代化，如塑料薄膜和电力设施的普遍应用。本研究用单位面积农业机械总动力和农业劳动生产率衡量。

单位面积农业机械总动力：是衡量农业机械化水平、反映现代化大农业的一项重要指标。计算公式为：

$$单位面积农业机械总动力 = \frac{农业机械总动力}{耕地面积} \qquad (4-11)$$

农业劳动生产率：一定时期内某地区农业从业人员创造的劳动成果与其劳动消耗之间的比值，反映了农业的综合发展水平。计算公式为：

$$农业劳动生产率 = \frac{农业部门产值比重}{农业部门就业人口比重} \qquad (4-12)$$

农业可持续发展主要衡量的是农业经济的持续和良性发展能力，本部分选用有效灌溉率作为这一方面的度量指标。计算公式为：

$$有效灌溉率 = \frac{有效灌溉面积}{耕地总面积} \times 100\% \qquad (4-13)$$

表 4-1 兵团"三化"协调发展评价指标体系

总系统	子系统	三级指标	四级指标	单位
兵团"三化"协调总系统	兵团城镇化子系统	城镇经济发展水平	社会消费品零售总额	万元
			第三产业劳动生产率	元/人
		城镇人口发展水平	非农人口占总人口比重	%
		城市社会发展水平	每千人拥有编制床位数	张
			每千人在校初高中学生人数	人
	新型工业化子系统	经济效益	工业产值比重	%
			人均生产总值	万元/人
		生态平衡	万元工业产值综合能耗	吨标准煤/万元

续表

总系统	子系统	三级指标	四级指标	单位
兵团"三化"协调总系统		科技信息	第二产业劳动生产率	元/人
			专业技术人员数	万人
	农业现代化子系统	农业规模化	第一产业就业比重	%
			粮食单产	公斤/公顷
		农业科技化	单位面积农业机械总动力	千瓦/公顷
			农业劳动生产率	元/人
		农业可持续发展	有效灌溉率	%

（三）数据来源及处理

1. 数据来源

根据所列指标，从2004—2013年《新疆生产建设兵团统计年鉴》获取原始数据资料，并进行处理和计算。其中社会消费品零售总额、工业产值比重、人均生产总值、万元工业产值综合能耗、专业技术人员数、第一产业就业比重和粮食单产指标由兵团年鉴直接得到；第三产业劳动生产率、非农人口占总人口比重、每千人拥有编制床位数、每千人在校初高中学生人数、第二产业劳动生产率、单位面积农业机械总动力、农业劳动生产率和有效灌溉率指标由兵团统计年鉴整理计算得到。

2. 数据的极差规格化处理

由于各个指标原始数据数量级差异比较大，并且大部分指标量纲也有所不同，不同指标之间为了便于直接在数量上进行比较，需要对各个指标原始数据进行变化处理。本研究采用极差规格化方法对数据进行处理。极差规格化是从数据矩阵的每一个变量中找出其最大值和最小值，这两者之差称为极差；然后从每个变量的每个原始数据中减去该变量中的最小值，再除以极差，就得到规格化数据。经过规格化变换后，数据矩阵中每列即每个变量的最大数值为1，最小数值为0，其余数据取值均在 0～1 之间；并且变换后的数据都不再具有量纲，便于不同的变量之间的比较。

设 x_{ij} 为第 i 年第 j 项指标的原始值，其中 $i=1,2,3...,n$；$j=1,2,3,...m$。对初始数据进行无量纲化处理，指标值越大对系统发展越有利时，采用正指标计算公式进行处理，计算公式如下：

$$z_{ij} = \frac{x_{ij} - \min_i x_{ij}}{\max_i x_{ij} - \min_i x_{ij}} \qquad (4\text{-}14)$$

指标值越小对系统发展越好时，采用逆指标计算公式进行标准化处理，计算公式如下：

$$z_{ij} = \frac{\max_i x_{ij} - x_{ij}}{\max_i x_{ij} - \min_i x_{ij}} \qquad (4\text{-}15)$$

三、"三化"协调性分析方法

（一）子系统综合发展水平评价方法

本研究应用熵权法来确定城镇化、新型工业化和农业现代化三大子系统各自指标的权重。熵权法是一种客观赋权方法，根据各指标的变异程度利用信息熵计算各指标的熵权，得出较为客观的指标权重，从而避免了主观赋权法易受人为主观影响的缺陷。再将系统标准化指标矩阵与其权重向量线性加权求和，得到各子系统的发展水平。熵权法主要分为以下几个步骤：

1. 原始指标无量纲处理

原始数据矩阵为：

$$X = \begin{bmatrix} x_{11} & x_{12} & \cdots & x_{1n} \\ x_{21} & x_{22} & \cdots & x_{2n} \\ \vdots & \vdots & \vdots & \vdots \\ x_{m1} & x_{m2} & \cdots & x_{mn} \end{bmatrix}$$

其中 x_{ij} 为第 i 年第 j 项指标的原始值,其中 $i=1,2,3...,n$; $j=1,2,3,...m$,应用极差规格化变换对指标进行无量纲化处理,得到数据矩阵

$$Z = \begin{bmatrix} z_{11} & z_{12} & \cdots & z_{1n} \\ z_{21} & z_{22} & \cdots & z_{2n} \\ \vdots & \vdots & \vdots & \vdots \\ z_{m1} & z_{m2} & \cdots & z_{mn} \end{bmatrix}$$

其中:z_{ij} 为样本 i 的第 j 个指标经过正向化和无量纲化得到的指标数据,$i=1,2,3...,n$; $j=1,2,3,...m$。

2. 由矩阵 Z 计算指标的比重变换

$$f_{ij} = \frac{z_{ij}}{\sum_{i=1}^{n} z_{ij}} \tag{4-16}$$

3. 计算各指标的熵值

第 j 个指标熵值为:

$$h_j = -k \sum_{i=1}^{n} f_{ij} \ln f_{ij} \tag{4-17}$$

其中:

$$k = \frac{1}{\ln(n)}, j=1,2,...,m$$

4. 确定各指标的熵权

第 j 个指标的熵权定义为:

$$\varphi_j = \frac{1-h_j}{\sum_{j=1}^{m}(1-h_j)} = \frac{1-h_j}{m - \sum_{j=1}^{m} h_j} \tag{4-18}$$

则 $0 \leq \varphi_j \leq 1$,$\sum_{j=1}^{m} \varphi_j = 1$。则权重向量 $\varphi = (\varphi_1, \varphi_2, ..., \varphi_m)'$。

5. 计算子系统综合发展水平指数

用矩阵 Z 乘以向量 φ，可以得到各指标的得分值，然后加总就可以计算每个子系统的综合发展水平指数，即采用线性加权求和可以得到指标的综合得分：

$$y_{ig} = \sum_{j=1}^{m}(z_{ij}\varphi_j) \qquad (4-19)$$

其中 g 为子系统的水平数，本研究为兵团城镇化、新型工业化和农业现代化三个子系统的协调发展，所以 $g=3$。

（二）协调发展度模型及其类型

在得到各子系统发展水平以后，可以计算得到系统的综合发展水平，三个子系统的协调度和协调发展度。具体步骤如下：

1. "三化"综合发展水平的确定

根据兵团城镇化、新型工业化和农业现代化的发展水平，进一步计算得到兵团"三化"综合发展水平。根据经济社会发展以及产业结构调整的实际情况，参考相关文献资料与相关专家意见，并依据《新疆生产建设兵团国民经济和社会发展第十二个五年规划纲要》所提出的产业调整目标，对兵团城镇化、新型工业化和农业现代化等权值加总，可以得到兵团"三化"综合发展水平：

$$y_i = \frac{1}{3}y_{i1} + \frac{1}{3}y_{i2} + \frac{1}{3}y_{i3} \quad (i=1,2,3...,n) \qquad (4-20)$$

参考有关专家意见及相关文献，将综合发展水平划分为如表 4-2 状态。

表 4-2　综合发展水平状态划分表

状态	取值范围
低	(0.00，0.20]
较低	(0.20，0.40]
中度	(0.40，0.60]
较高	(0.60，0.85]
高	(0.85，1.00]

2. 构造系统协调度模型

系统协调度模型建立的理论基础为效益理论和平衡理论，效益理论即各子系统效益必须同步发展，使综合效益达到最大化，平衡理论即各子系统效益保持一种平衡状态，任何一个子系统效益的增加不能以其他子系统效益的降低为代价。"三化"协调即城镇化水平、新型工业化水平和农业现代化水平的数值应该互相平衡，三个子系统之间和谐发展，各自的评价值较为接近。通常以城镇化、新型工业化和农业现代化效益之和表示综合效益，之积表示复合效益，在综合效益最大的基础上，使得复合效益达到最优。构造协调度指标对系统的协调度进行测量，公式如下：

$$c_i = \frac{y_{i1} \times y_{i2} \times y_{i3}}{(y_{i1}+y_{i2}+y_{i3})^3} \quad (i=1,2,3...,n) \tag{4-21}$$

其中 c_i 为系统的协调度；y_{i1} 为城镇化子系统的发展水平；y_{i2} 为新型工业化子系统的发展水平；y_{i3} 为农业现代化子系统的发展水平。

用平均效益代替综合效益对 c_i 进行标准化处理，如下式：

$$c_i = \left[\frac{y_{i1} \times y_{i2} \times y_{i3}}{\left(\frac{y_{i1}+y_{i2}+y_{i3}}{3}\right)^3}\right]^k \quad (i=1,2,3...,n) \tag{4-22}$$

式中：k 为调整系数，一般取 $k=6$。

上式中的协调度 c_i 介于 0~1 之间，当 $c_i=1$ 时协调度极大，系统走向新有序结构；当 $c_i=0$ 时，协调度极小，系统的有序崩溃，将向无序发展。参考有关专家意见及相关文献，协调度等级的划分如表 4-3 所示。

表 4-3 协调度等级划分表

协调等级	取值范围
失调	(0.00，0.40]
濒临失调	(0.40，0.50]

续表

协调等级	取值范围
勉强协调	(0.50, 0.60]
初级协调	(0.60, 0.70]
中级协调	(0.70, 0.80]
良好协调	(0.80, 0.90]
优质协调	(0.90, 1.00]

3. 协调发展度

协调度是表示城镇化、新型工业化和农业现代化之间关系的一个重要指标，对于评价三者之间协调发展状态具有重要意义，但只考虑了同步水平，没有考虑到总体发展水平。而综合发展水平只考虑了发展水平而没有考虑同步水平。故仅用协调度或发展度不能真实反映三者之间的综合发展水平。因此，将综合发展水平和协调度结合起来，构造协调发展度指标来度量"三化"同步发展水平：

$$d_i = \sqrt{c_i \times y_i} \quad (i=1,2,3...,n) \tag{4-23}$$

其中 d_i 为系统的协调发展度，c_i 为系统的协调度，y_i 为系统的综合发展水平。

上式中的协调度 d_i 介于 0～1 之间，当 $d_i=1$ 时协调度发展度极大，系统走向新有序结构；当 $d_i=0$ 时，协调发展度极小，系统的有序崩溃，将向无序发展。参照有关专家意见及相关参考文献，协调发展度等级的划分如表 4-4 所示。

表 4-4 协调发展度等级划分表

协调等级	取值范围	协调等级	取值范围
失调	(0.00, 0.40]	中级协调	(0.70, 0.80]
濒临失调	(0.40, 0.50]	良好协调	(0.80, 0.90]
勉强协调	(0.50, 0.60]	优质协调	(0.90, 1.00]
初级协调	(0.60, 0.70]		

（三）基于 GM(1,n) 模型的"三化"协调发展影响因素分析

区域"三化"协调发展是一个部分信息已知、部分信息未知的非常复杂的系统。灰色系统理论适用于"小样本,贫信息"系统的分析。基于此,本研究应用 GM(1,n) 模型对"三化"协调发展的影响因素进行分析,以反映"三化"协调发展中各个变量互相影响、互相制约和互相依赖的动态关系。以"三化"协调发展度 $d^{(0)}$ 为"三化"协调系统发展特征数据序列,以城镇化发展水平 $y_1^{(0)}$,新型工业化发展水平 $y_2^{(0)}$,农业现代化发展水平 $y_3^{(0)}$ 为相关因素序列,则:

$$d^{(0)} = \left[d^{(0)}(1), d^{(0)}(2), \ldots, d^{(0)}(p) \right]$$
$$y_1^{(0)} = \left[y_1^{(0)}(1), y_1^{(0)}(2), \ldots, y_1^{(0)}(p) \right]$$
$$y_2^{(0)} = \left[y_2^{(0)}(1), y_2^{(0)}(2), \ldots, y_2^{(0)}(p) \right]$$
$$y_3^{(0)} = \left[y_3^{(0)}(1), y_3^{(0)}(2), \ldots, y_3^{(0)}(p) \right]$$

令 $d^{(1)}$、$y_1^{(1)}$、$y_2^{(1)}$ 和 $y_3^{(1)}$ 为其一次累加生成序列,$d^{(1)}$ 的紧邻生成序列记为 $u^{(1)}$,即:

$$u^{(1)}(q) = 0.5d^{(1)}(q) + 0.5d^{(1)}(q-1) \quad (q = 2, 3, \ldots, p) \tag{24}$$

建立"三化"协调发展模型:

$$d^{(0)}(q) = -au^{(1)}(q) + b_1 y_1^{(1)}(q) + b_2 y_2^{(1)}(q) + b_3 y_3^{(1)}(q) \tag{25}$$

其中:$-a$ 称为系统发展系数,b_1、b_2 和 b_3 为系统驱动系数。

通过系统驱动系数可以看出城镇化、新型工业化和农业现代化对"三化"协调度的作用程度:系统驱动系数的大小反映了对应因素作用程度的强弱;如果为正,则对应因素对"三化"协调起促进作用;如果为负,则对应因素对"三化"协调起制约作用。

四、"三化"协调发展运行机制分析

(一)兵团"三化"协调发展水平的时序特征

1. 兵团"三化"发展综合指数计算

依据兵团2003—2012十年的城镇化、新型工业化和农业现代化三个子系统的数据，应用前述熵权法可以得到各项指标的时间序列权重如表 4-5 所示。

表 4-5　兵团"三化"协调发展评价指标体系及时间序列权重

兵团"三化"协调总系统					
城镇化子系统		新型工业化子系统		农业现代化子系统	
指标	权重	指标	权重	指标	权重
社会消费品零售总额	0.288	工业产值比重	0.235	第一产业就业比重	0.122
第三产业劳动生产率	0.132	人均生产总值	0.295	粮食单产	0.243
非农人口占总人口比重	0.175	万元工业产值综合能耗	0.107	单位面积农业机械总动力	0.239
每千人拥有编制床位数	0.295	第二产业劳动生产率	0.200	农业劳动生产率	0.187
每千人在校初高中学生人数	0.109	专业技术人员数	0.162	有效灌溉率	0.207

进一步应用熵权法可以得到兵团过去十年的城镇化、新型工业化和农业现代化三个子系统的总体发展水平指数，如表 4-6 所示。

表 4-6　兵团"三化"发展水平

年份	城镇化发展水平	新型工业化发展水平	农业现代化发展水平
2003	0.491	0.117	0.482
2004	0.340	0.252	0.439
2005	0.430	0.246	0.534
2006	0.442	0.328	0.581
2007	0.354	0.456	0.676
2008	0.355	0.632	0.537
2009	0.482	0.671	0.629
2010	0.445	0.628	0.583
2011	0.554	0.595	0.581
2012	0.497	0.778	0.566

依据表 4-6 兵团"三化"发展水平数据，可以得到兵团"三化"发展水平趋势图，如图 4-1。

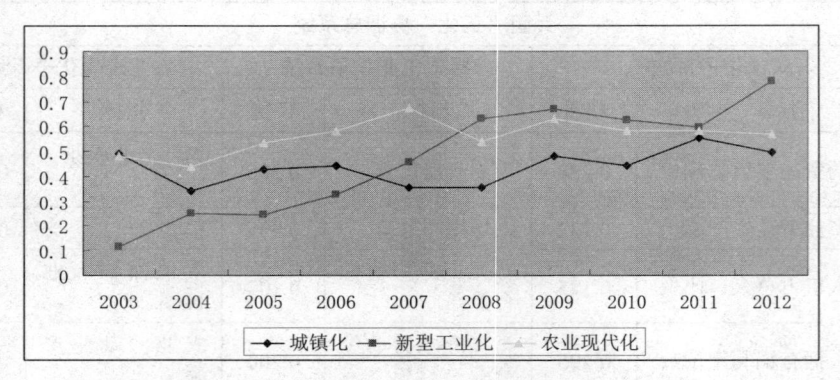

图 4-1　2003－2012 年兵团"三化"发展水平趋势图

由表 4-6 和图 4-1 可以看出，2003－2012 十年期间，兵团城镇化水平经历了在波动中逐渐上升的前行过程。其中 2004 年和 2007 年分别出现了 31%、20%的较大幅下降，2005 年和 2011 年分别有 26%、24%的较大增幅。2012 年相对于 2003 年来说，城镇化发展水平有较小的发展，提升比例仅仅为 1%。兵团新型工业化发展水平有了长足的发展和进步，呈现出急速发展的态势，与 2003 年对比，2012 年新型工业化水平提升了 5.65 倍。兵团农业现代化发展水平整体上呈现倒 V 型发展趋势；2003－2007 年，呈现逐年增长的趋势，2007 年达到最高水平；2008 年有比较大的降幅，幅度达到 21%；2009－2012 年兵团农业现代化水平呈现缓慢下降的趋势。

综合来看，由于很长一段时间，农业经济一直是兵团经济发展的支柱，而且兵团自成立以来，始终致力于农业现代化建设，兵团农业被认为是中国农业先进生产力的代表。2008 年以前，农业现代化在兵团"三化"发展中居于主导地位；2006 年以前新型工业化在兵团"三化"发展中不但落后于城镇化，而且远远落后于农业现代化；2007 年新型工业化超越城镇化，城镇化从这一时段开始成为"三化"发展水平的滞后因素。随着兵团产业结构的不断调整和优化，工业经济得到了长足的发展。增长迅速。2008年以后新型工业化发展水平超越了农业现代化，引领兵团"三化"发展。兵团"三化"整体水平不是很高，特别是新型工业化发展水平在一段时间内比较滞后，随着其快速发展，"三化"水平逐渐接近。

2. 各师"三化"发展综合指数计算

（1）天山北坡经济带

天山北麓一带自然条件优越，交通比较方便，城镇基础条件好，能源比较丰富，北疆铁路和高速公路横贯其间，是新疆经济最发达的地区。天山北坡经济带总面积约9.54万平方公里，占新疆5.7%的面积，有23.3%的人口，却集中了全区80%以上的重工业和60%以上的轻工业，经济总量已占全疆的二分之一以上。这一区域在全疆有着举足轻重的影响，也是"八五"与"九五"期间我国国土综合开发的19个重点片区之一，是开发大西北的重点地区，对全疆经济起着重要的带动、辐射和示范作用。这一区域分布着兵团的六师、七师、八师、建工师和十二师。这些师也是兵团经济发展比较好的一些区域，对于兵团经济起到了举足轻重的作用，是兵团经济发展的中坚力量。它们的"三化"发展水平及协调发展情况对于全兵团的"三化"协调发展进程的意义十分巨大。

以天山北坡经济带五个师城镇化、新型工业化和农业现代化三个子系统2003—2012年十年的数据，应用熵权法可以得到各项指标的权重如表4-7所示。

表4-7 天山北坡经济带各师"三化"协调发展评价指标体系及时间序列权重

总系统	子系统	指标	六师	七师	八师	建工师	十二师
天山北坡经济带各师"三化"协调总系统	城镇化子系统	社会消费品零售总额	0.226	0.249	0.252	0.367	0.278
		第三产业劳动生产率	0.131	0.247	0.343	0.289	0.203
		非农人口占总人口比重	0.169	0.150	0.189	0.073	0.130
		每千人拥有编制床位数	0.391	0.234	0.107	0.145	0.104
		每千人在校初高中学生人数	0.083	0.119	0.109	0.126	0.285

续表

总系统	子系统	指标	六师	七师	八师	建工师	十二师
天山北坡经济带各师"三化"协调总系统	新型工业化子系统	工业产值比重	0.298	0.156	0.142	0.281	0.241
		人均生产总值	0.297	0.347	0.307	0.223	0.332
		万元工业产值综合能耗	0.143	0.092	0.324	0.070	0.133
		第二产业劳动生产率	0.134	0.168	0.139	0.214	0.207
		专业技术人员数	0.128	0.236	0.088	0.211	0.086
	农业现代化子系统	第一产业就业比重	0.103	0.149	0.185	0.433	0.132
		粮食单产	0.147	0.215	0.201	0.131	0.183
		单位面积农业机械总动力	0.198	0.248	0.166	0.131	0.251
		农业劳动生产率	0.225	0.210	0.228	0.178	0.304
		有效灌溉率	0.328	0.179	0.220	0.127	0.130

进一步应用熵权法对天山北坡经济带五个师的"三化"发展水平进行综合评价，如表4-8所示。根据表4-8所得评价结果数据，可以作出五个师"三化"发展水平趋势图，如图4-2所示。

表4-8　2003—2012年天山北坡经济带各师"三化"发展水平

师	系统	2003	2004	2005	2006	2007	2008	2009	2010	2011	2012
六师	X	0.579	0.586	0.576	0.621	0.568	0.518	0.427	0.289	0.363	0.395
	Y	0.115	0.317	0.231	0.295	0.477	0.546	0.652	0.680	0.716	0.557
	Z	0.400	0.445	0.573	0.613	0.584	0.672	0.519	0.388	0.397	0.560
七师	X	0.574	0.564	0.579	0.617	0.555	0.510	0.419	0.305	0.368	0.399
	Y	0.174	0.351	0.328	0.373	0.507	0.536	0.565	0.556	0.609	0.552
	Z	0.316	0.380	0.509	0.625	0.563	0.651	0.568	0.511	0.489	0.635
八师	X	0.555	0.513	0.568	0.596	0.536	0.496	0.417	0.333	0.405	0.441
	Y	0.086	0.457	0.267	0.332	0.511	0.542	0.619	0.673	0.695	0.585
	Z	0.389	0.434	0.560	0.644	0.587	0.650	0.524	0.471	0.432	0.564
建工师	X	0.524	0.522	0.524	0.560	0.506	0.481	0.395	0.304	0.371	0.440
	Y	0.177	0.330	0.296	0.360	0.531	0.580	0.664	0.630	0.629	0.463
	Z	0.554	0.539	0.629	0.721	0.669	0.636	0.570	0.533	0.410	0.418

续表

师	系统	2003	2004	2005	2006	2007	2008	2009	2010	2011	2012
十二师	X	0.524	0.534	0.591	0.627	0.563	0.512	0.431	0.343	0.386	0.408
	Y	0.104	0.295	0.202	0.283	0.470	0.524	0.667	0.695	0.699	0.546
	Z	0.262	0.318	0.444	0.543	0.487	0.565	0.515	0.495	0.506	0.704

其中：X：城镇化发展水平；Y：新型工业化发展水平；Z：农业现代化发展水平

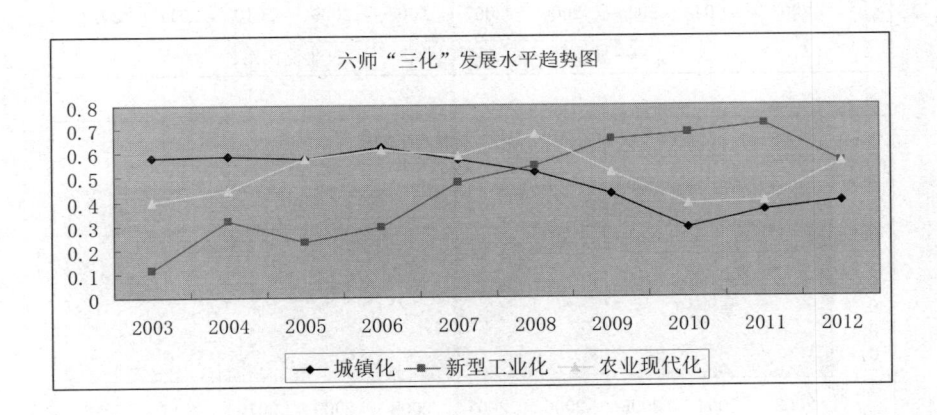

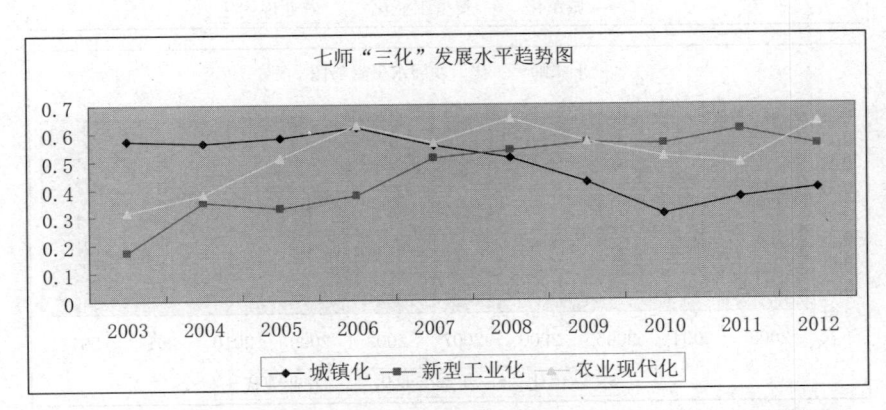

图 4-2　2003—2012 年兵团天山北坡经济带五个师"三化"发展水平趋势图

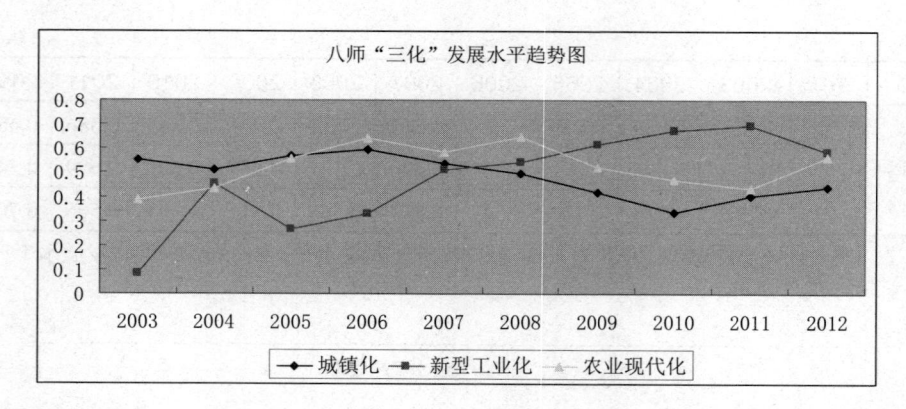

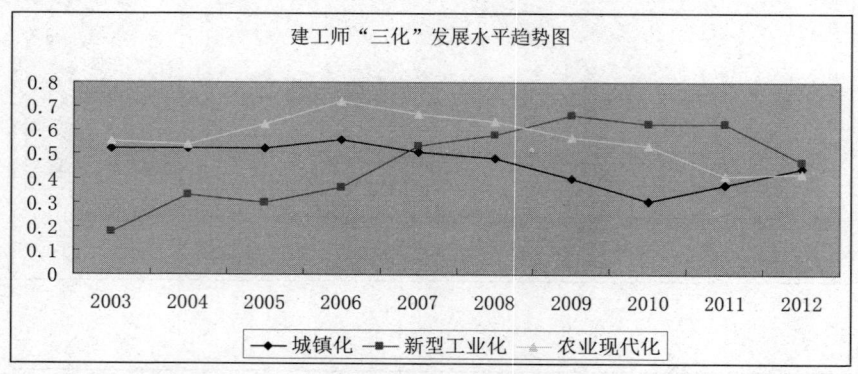

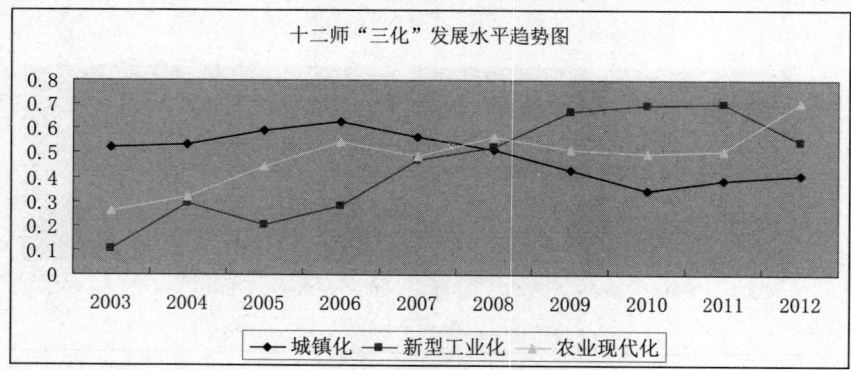

图 4-2　2003—2012 年兵团天山北坡经济带五个师"三化"发展水平趋势图（续图）

由表 4-8 和图 4-2 可以看出，2003—2012 年十年期间，天山北坡经济带五个师，六师、七师、八师、建工师和十二师，"三化"发展水平几乎沿着相同的轨迹在发展。五个师城镇化水平曲线形状接近于 S 型，五个师的城镇化水平在 2006 年达到了最高水平，评价值分别为 0.621、0.617、0.596、0.560 和 0.627；2010 年降到最低水平，评价值只有 0.289、0.305、0.333、0.304 和 0.343。与 2003 年相比，2012 年六师、七师、八师、建工师和十二师城镇化水平都有比较大的降幅，六师降幅最大为 32%，降幅较小的建工师也有 16%；另外七师的降幅也达到 30%，八师和十二师降幅为 21% 和 22%。天山北坡经济带五个师新型工业化发展水平呈极速增长的态势。与 2003 年相比，2012 年五个师新型工业化发展水平分别增长了 3.84、2.17、5.80、1.62 和 4.25 倍，新型工业化取得了长足进步和快速的发展。五个师的农业现代化水平在 2003—2012 年十年期间，发展规律不尽相同，但基本上呈现出中间高、两头低的发展态势。相对于 2003 年，六师和八师农业现代化提升幅度都达到了 40% 以上；七师和十二师更是分别提升了 101% 和 168%；只有建工师降低了 25%，这与其主要从事建筑业有关。相对于 2011 年，2012 年五个师的农业现代化的增长幅度也分别达到了 41%、30%、31%、2% 和 39%，增长明显。

综合来看，2008 年以前，五个师的新型工业化既落后于城镇化也滞后于农业现代化，但是各师的新型工业化发展水平增长迅速。从 2008 年后都是后来居上，成为各师"三化"发展的领先因素。各师城镇化在一段时间内引领其"三化"发展，但是随着新型工业化的飞速发展，农业现代化水平的提高，2008 年后城镇化在"三化"发展中成为了滞后因素。五个师 2007 年和 2008 年的"三化"水平比较接近，随后三年"三化"发展水平逐渐远离，在 2012 年又趋于接近。

（2）南疆经济带

南疆是新疆天山南部总称，南疆包括和田、喀什、阿克苏 3 个地区和巴音郭楞蒙古、克孜勒苏柯尔克孜 2 个自治州。改革开放以来，虽然南疆经济建设取得了快速发展和长足进步，但是由于生态环境脆弱、社会基础设施建设滞后、经济结构性矛盾突出等原因，南疆经济发展的总体水平与疆内其他地区相比仍存在巨大的差距，特别是喀什、和田和克州三地州经济最为落后。南疆特别是南疆三地州为全疆少数民族聚集区，又是新疆扶贫攻坚的重点地区。南疆经济发展事关新疆社会的稳定、边疆的巩固、民族的团结，事关实现各民族共同繁荣、维护祖国统一和国家安全的大局。南疆经济带分布着兵团一师、二师、三师和十四师。而且这四个师，特别是位于南疆三地州的三师和十四师更是兵团经济发展水平很弱的两个师。作为兵团经济优先发展的区域，南疆经济带四个师的"三化"发展水平及协调发展情况对于兵团经济协调发展意义重大，更关乎着兵团维稳戍边任务的实现。

以南疆经济带四个师城镇化、新型工业化和农业现代化三个子系统 2003—2012 年十年的数据，应用熵权法可以得到各项指标的权重如表 4-9 所示。

表 4-9 南疆经济带各师"三化"协调发展评价指标体系及时间序列权重

总系统	子系统	指标	一师	二师	三师	十四师
南疆经济带各师三化协调总系统	城镇化子系统	社会消费品零售总额	0.339	0.288	0.357	0.184
		第三产业劳动生产率	0.184	0.184	0.187	0.117
		非农人口占总人口比重	0.139	0.152	0.209	0.130
		每千人拥有编制床位数	0.205	0.248	0.153	0.087
		每千人在校初高中学生人数	0.134	0.129	0.094	0.482
	新型工业化子系统	工业产值比重	0.274	0.236	0.184	0.290
		人均生产总值	0.328	0.258	0.432	0.283
		万元工业产值综合能耗	0.091	0.089	0.083	0.071
		第二产业劳动生产率	0.159	0.217	0.139	0.122
		专业技术人员数	0.148	0.200	0.162	0.234
	农业现代化子系统	第一产业就业比重	0.088	0.111	0.162	0.152
		粮食单产	0.092	0.160	0.147	0.148
		单位面积农业机械总动力	0.155	0.279	0.266	0.258
		农业劳动生产率	0.473	0.306	0.296	0.183
		有效灌溉率	0.192	0.143	0.128	0.258

进一步应用熵权法对南疆经济带四个师的"三化"发展水平进行综合评价，

如表 4-10 所示。根据表 4-10 所得评价结果数据，可以作出四个师"三化"发展水平趋势图，如图 4-3 所示。

表 4-10 2003－2012 年南疆经济带各师"三化"发展水平

师	系统	2003	2004	2005	2006	2007	2008	2009	2010	2011	2012
一师	X	0.492	0.494	0.518	0.555	0.514	0.482	0.413	0.326	0.409	0.478
	Y	0.130	0.288	0.236	0.300	0.471	0.533	0.637	0.654	0.691	0.555
	Z	0.282	0.306	0.426	0.427	0.400	0.451	0.365	0.355	0.426	0.713
二师	X	0.531	0.531	0.549	0.588	0.539	0.498	0.419	0.315	0.39	0.439
	Y	0.169	0.339	0.295	0.359	0.525	0.565	0.646	0.621	0.625	0.485
	Z	0.253	0.309	0.433	0.523	0.476	0.561	0.521	0.479	0.508	0.718
三师	X	0.435	0.413	0.476	0.505	0.483	0.457	0.415	0.361	0.474	0.566
	Y	0.128	0.280	0.249	0.302	0.445	0.494	0.567	0.602	0.675	0.619
	Z	0.290	0.333	0.450	0.541	0.495	0.560	0.528	0.490	0.500	0.684
十四师	X	0.561	0.601	0.686	0.728	0.642	0.560	0.464	0.359	0.354	0.314
	Y	0.170	0.322	0.304	0.348	0.501	0.563	0.608	0.599	0.658	0.536
	Z	0.386	0.431	0.553	0.629	0.594	0.676	0.579	0.452	0.444	0.575

其中：X：城镇化发展水平；Y：新型工业化发展水平；Z：农业现代化发展水平。

由表 4-10 和图 4-3 可以看出，2003－2012 年十年期间，南疆经济带四个师的城镇化发展水平也是在 2006 年达到比较高的水平，城镇化发展水平值分别为 0.555、0.588、0.505 和 0.728；2010 年降到近十年来的较低水平，分别是 0.326、0.315、0.361 和 0.359，呈现 S 型变化。与 2003 年相比，2012 年一师、二师和十四师城镇化水平降低了 3%、17%和 44%，而三师提升了 30%。南疆经济带的四个师新型工业化水平也呈现快速增长的趋势：与 2003 年相比，2012 年一师和三师增长了三倍以上，分别达到了 3.27 和 3.84；十四师增长了 2.15 倍，增长最低的二师也达到了 1.87 倍，四个师的工业得到了迅速的发展。四个师的农业现代化水平则成波动上升的趋势：相对于 2003 年，2012 年四个师的农业现代化提升幅度都比较明显，提升幅度最大的是二师，达到了 184%，其次是一师，提升了 153%，三师提升了 136%，十四师提升幅度最小，也达到了 49%，农业现代化发展趋势很是看好。

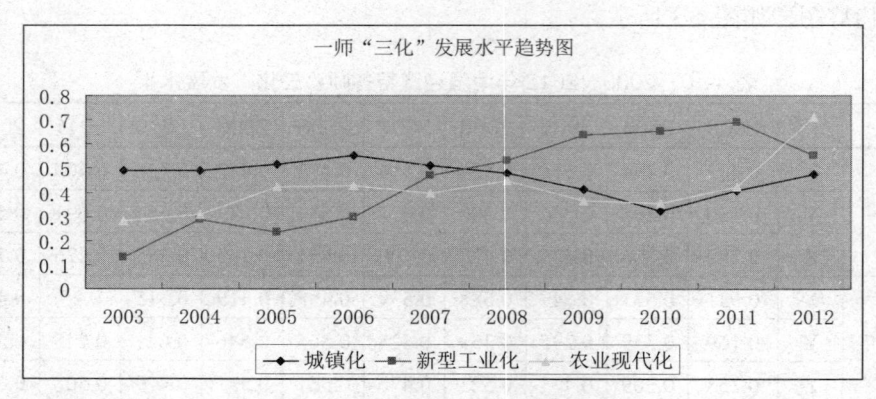

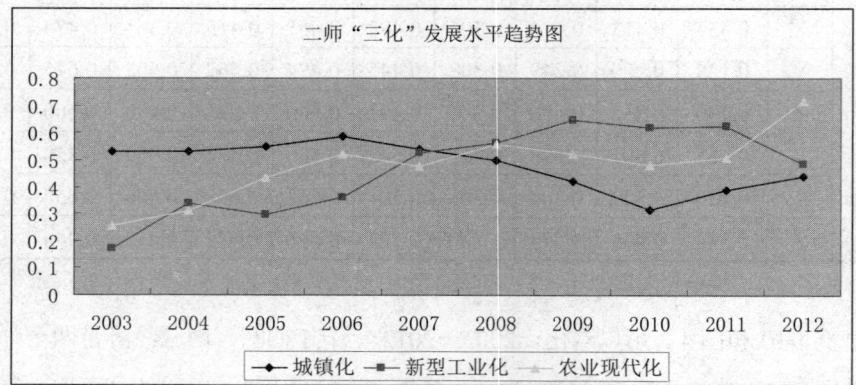

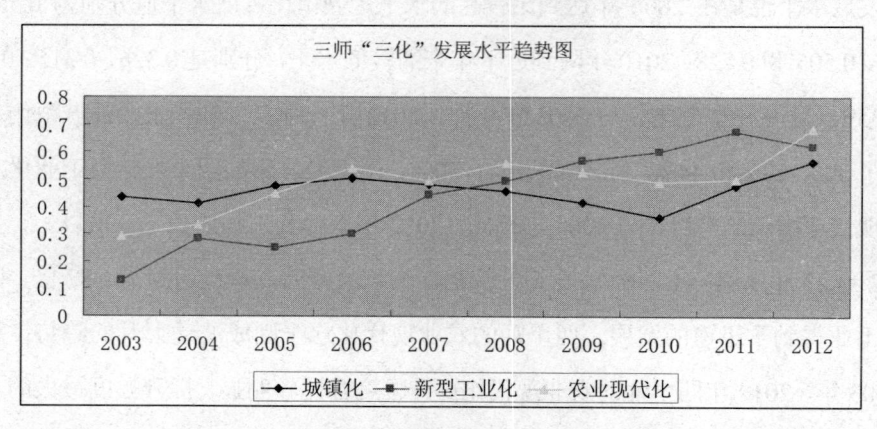

图 4-3　2003－2012 年兵团南疆经济带四个师"三化"发展水平趋势图

十四师"三化"发展水平趋势图

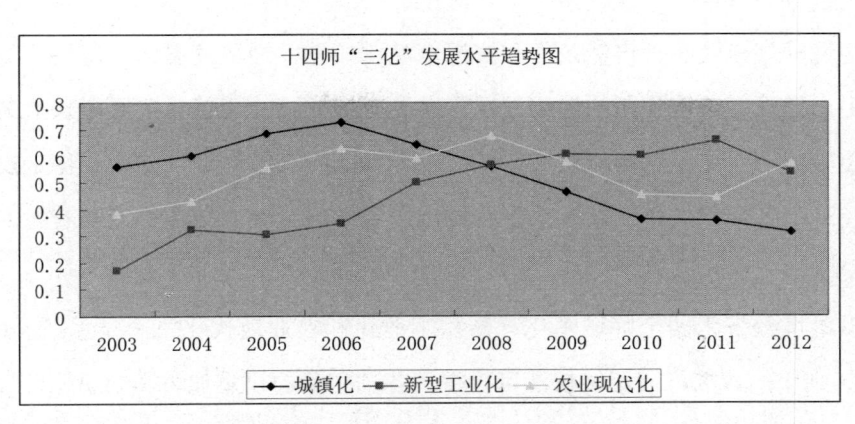

图 4-3　2003—2012 年兵团南疆经济带四个师"三化"发展水平趋势图（续图）

综合来看，四个师 2007 年和 2008 年两年的"三化"发展水平比较接近，2012 年"三化"发展水平再度比较接近。一师和二师新型工业化水平在 2003—2006 年期间、三师和十四师新型工业化水平则是在 2003—2008 年期间，滞后于城镇化和农业现代化发展水平。随着四个师工业化的大力发展，新型工业化成为"三化"发展的十分重要的要素。四个师城镇化水平在 2003 年以后的一段时间内领先于新型工业化和农业现代化水平。而随着各师工业和农业的产业结构调整和优化，使得各自的新型工业化和农业现代化水平快速提升，最终城镇化成为南疆经济带四个师"三化"发展的滞后因素。

（3）边境经济带

新疆地处亚欧大陆中心，地缘优势得天独厚，周边与 8 个国家接壤。作为中国西部的一个资源大省和重要的能源基地，是我国实施西部大开发战略的重点地区，也是我国向西对外开放的重要门户，更是丝绸之路经济带的中枢。改革开放以来，特别是伴随西部大开发政策的进一步推进和我国经济的西进，新疆口岸经济正在形成并得以快速发展。兵团驻地边境线比较长，多数师都有边境口岸相连。边境经济带分布着兵团四师、五师、九师和十师，作为兵团的一个特殊区域，虽然特殊的地理位置为这四个师发展开放型经济提供了重要平台和便捷通道，但是由于边境师规模较小、自然条件和资源禀赋比较差、经济发展比较落后，贫困团场众多。但没有边境师团的健康发展，就没有全兵团的跨越式发展和长治久安，没有边境师团"三化"协调发展，就没有全兵团经济的协调、持续、稳定发展。边境经济带各师"三化"发展水平及协调发展情况对兵团经济协调有着尤为重要的意义。

以边境经济带四个师城镇化、新型工业化和农业现代化三个子系统 2003—2012 年十年的数据，应用熵权法可以得到各项指标的权重如表 4-11 所示。

表 4-11　边境经济带各师"三化"协调发展评价指标体系及时间序列权重

总系统	子系统	指标	四师	五师	九师	十师
边境经济带各师三化协调总系统	城镇化子系统	社会消费品零售总额	0.271	0.357	0.181	0.287
		第三产业劳动生产率	0.091	0.127	0.170	0.166
		非农人口占总人口比重	0.413	0.121	0.215	0.179
		每千人拥有编制床位数	0.133	0.299	0.194	0.249
		每千人在校初高中学生人数	0.093	0.097	0.239	0.118
	新型工业化子系统	工业产值比重	0.149	0.184	0.314	0.307
		人均生产总值	0.303	0.332	0.276	0.269
		万元工业产值综合能耗	0.133	0.069	0.092	0.098
		第二产业劳动生产率	0.231	0.289	0.155	0.140
		专业技术人员数	0.183	0.126	0.162	0.186
	农业现代化子系统	第一产业就业比重	0.079	0.104	0.113	0.096
		粮食单产	0.203	0.143	0.237	0.150
		单位面积农业机械总动力	0.257	0.323	0.209	0.329
		农业劳动生产率	0.285	0.203	0.125	0.189
		有效灌溉率	0.176	0.227	0.317	0.237

进一步应用熵权法对边境经济带四个师的"三化"发展水平进行综合评价，如表 4-12 所示。根据表 4-12 所得评价结果数据，可以作出四个师"三化"发展水平趋势图，如图 4-4 所示。

表 4-12 2003－2012 年边境经济带各师"三化"发展水平

师	系统	2003	2004	2005	2006	2007	2008	2009	2010	2011	2012
四师	X	0.361	0.302	0.465	0.483	0.487	0.448	0.453	0.440	0.595	0.684
	Y	0.158	0.369	0.302	0.366	0.524	0.546	0.618	0.606	0.610	0.509
	Z	0.248	0.319	0.453	0.551	0.494	0.597	0.520	0.478	0.500	0.709
五师	X	0.491	0.507	0.501	0.543	0.509	0.479	0.408	0.307	0.398	0.478
	Y	0.141	0.283	0.232	0.317	0.493	0.523	0.663	0.654	0.631	0.498
	Z	0.312	0.369	0.493	0.582	0.548	0.650	0.590	0.464	0.487	0.652
九师	X	0.559	0.553	0.622	0.658	0.594	0.530	0.449	0.345	0.397	0.396
	Y	0.139	0.300	0.247	0.310	0.488	0.556	0.658	0.662	0.691	0.526
	Z	0.394	0.467	0.607	0.703	0.647	0.758	0.587	0.463	0.426	0.538
十师	X	0.512	0.507	0.538	0.575	0.532	0.492	0.423	0.326	0.412	0.467
	Y	0.149	0.318	0.270	0.327	0.497	0.563	0.643	0.643	0.681	0.528
	Z	0.312	0.372	0.499	0.590	0.556	0.665	0.600	0.466	0.488	0.650

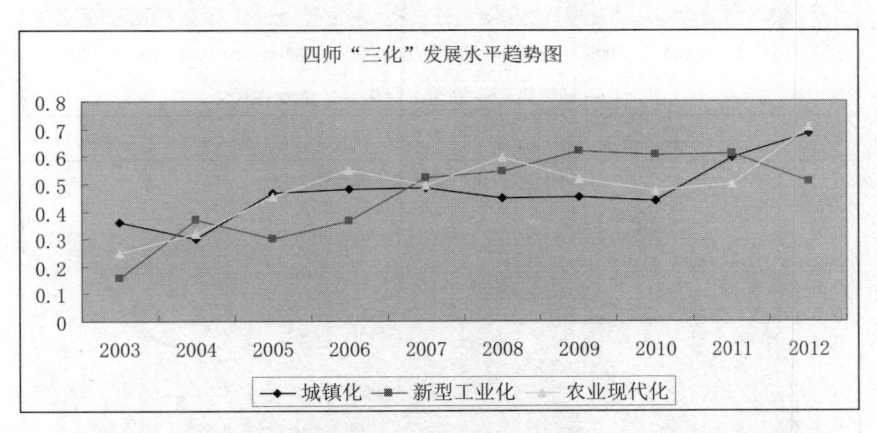

其中：X：城镇化发展水平；Y：新型工业化发展水平；Z：农业现代化发展水平。

图 4-4 2003－2012 年兵团边境经济带四个师"三化"发展水平趋势图

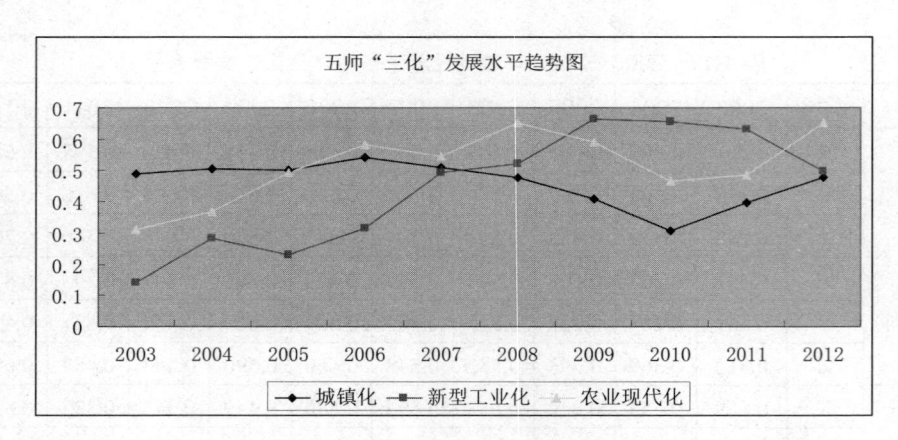

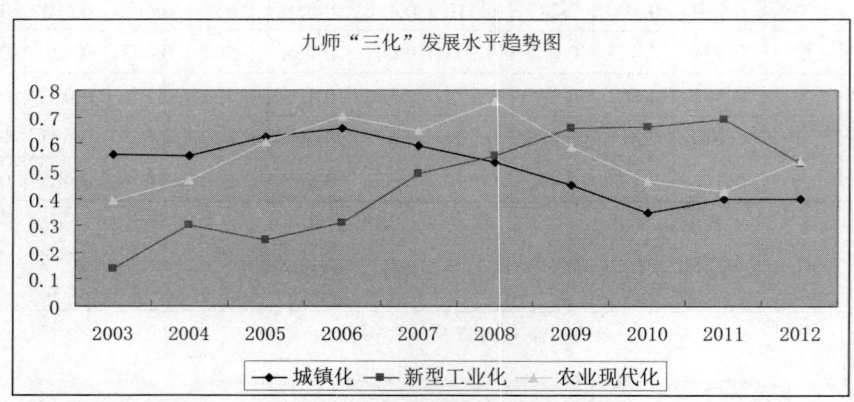

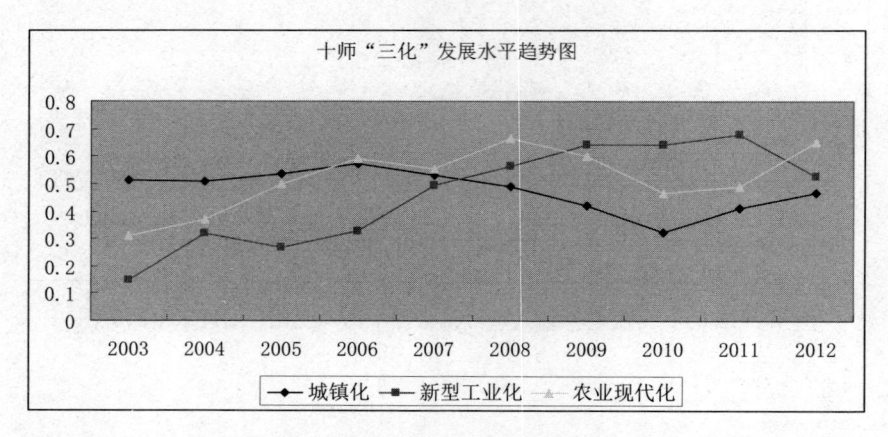

图 4-4 2003—2012 年兵团边境经济带四个师"三化"发展水平趋势图（续图）

由表 4-12 和图 4-4 可以看出，2003—2012 年十年期间，边境经济带中的五师、九师和十师城镇化发展水平类似，呈现 S 型变化，2006 年城镇化发展水平达到比较高的水平，分别为 0.543、0.658 和 0.575；2010 年降到比较低的水平，分别为 0.307、0.345 和 0.326。而四师的城镇化发展水平则是在波动中上升，2012 年达到最高水平 0.684；与 2003 年相比，2012 年五师和十师城镇化水平略有降低，降幅为 3% 和 9%，九师降幅比较大，达到了 29%，而四师城镇化水平提升将近 90%。边境经济带四个师新型工业化水平规律基本相同，在波动中呈快速增长的趋势：四师和五师在 2009 年达到最高水平，分别为 0.618 和 0.663；九师和十师在 2011 年达到最高水平 0.691 和 0.681。与 2003 年相比，2012 年四师、五师、九师和十师的新型工业化水平分别增长了 2.22、2.53、2.78 和 2.54 倍，发展前景喜人。四个师的农业现代化水平则成 N 型变化规律，其中四个师的农业现代化水平在 2008 年达到较高水平，分别为 0.597、0.650、0.758 和 0.665 以后，在 2012 年又达到了另一个较高的水平，分别为 0.709、0.652、0.538 和 0.650。相对于 2003 年，2012 年四个师的农业现代化水平也有不小的提升，四师提升幅度最大，增加了 185%，五师和十师分别提升了 109% 和 108%，而九师提升的幅度最小，也有 37%。

综合来看，四个师 2007 年和 2008 年两年的"三化"发展水平比较接近，2012 年"三化"发展水平再度比较接近。四师新型工业化水平在 2003—2006 年期间，五师、九师和十师新型工业化水平在 2003 年至 2007 年期间，滞后于城镇化和农业现代化发展水平。随着四个师工业化的产业结构的优化与调整，新型工业化在 2007 年以后成为各师"三化"发展龙头。四个师城镇化在 2003—2005 年三年期间领先于新型工业化和农业现代化。随着各师经济的快速发展、产业结构的优化升级，城镇化最终成为边境经济带四个师"三化"发展的制约因素。农业现代化在 2006—2008 年三年期间领先于城镇化和新型工业化。四师的城镇化、新型工业化和农业现代化的水平在 2003 至 2012 年十年区间比较接近。

(4) 哈密特色经济区

东疆是新疆联系内地的重要门户，也是距离内地最近的战略资源要地，区位优势明显，战略地位十分突出。加强与内地经济合作是东疆优势所在。兵团十三师所在的哈密更是在出疆通道中具有重要的战略地位。入疆门户的区位、特色矿产的资源、四通八达的交通是十三师发展经济的三大优势，而十三师也是兵团参与国家"西电东送、西煤东运"等工程建设节点，强化对内联系的门户。十三师的"三化"发展水平及协调发展情况对于兵团经济发展具有特殊的意义。

以哈密特色经济区十三师城镇化、新型工业化和农业现代化三个子系统 2003—2012 年十年的数据，应用熵权法可以得到各项指标的权重如表 4-13 所示。

表 4-13　十三师"三化"协调发展评价指标体系及时间序列权重

十三师"三化"协调总系统

城镇化子系统		新型工业化子系统		农业现代化子系统	
指标	权重	指标	权重	指标	权重
社会消费品零售总额	0.306	工业产值比重	0.247	第一产业就业比重	0.125
第三产业劳动生产率	0.199	人均生产总值	0.338	粮食单产	0.216
非农人口占总人口比重	0.107	万元工业产值综合能耗	0.110	单位面积农业机械总动力	0.135
每千人拥有编制床位数	0.281	第二产业劳动生产率	0.136	农业劳动生产率	0.289
每千人在校初高中学生人数	0.107	专业技术人员数	0.169	有效灌溉率	0.235

进一步应用熵权法对十三师的"三化"发展水平进行综合评价，如表 4-14 所示。根据表 4-14 所得评价结果数据，可以作出十三师"三化"发展水平趋势图，如图 4-5 所示。

表 4-14　2003—2012 年十三师"三化"发展水平

年份	城镇化发展水平	新型工业化发展水平	农业现代化发展水平
2003	0.551	0.135	0.345
2004	0.560	0.313	0.401

续表

年份	城镇化发展水平	新型工业化发展水平	农业现代化发展水平
2005	0.547	0.261	0.535
2006	0.590	0.316	0.604
2007	0.536	0.476	0.544
2008	0.499	0.533	0.620
2009	0.409	0.609	0.469
2010	0.291	0.628	0.440
2011	0.361	0.681	0.425
2012	0.413	0.571	0.606

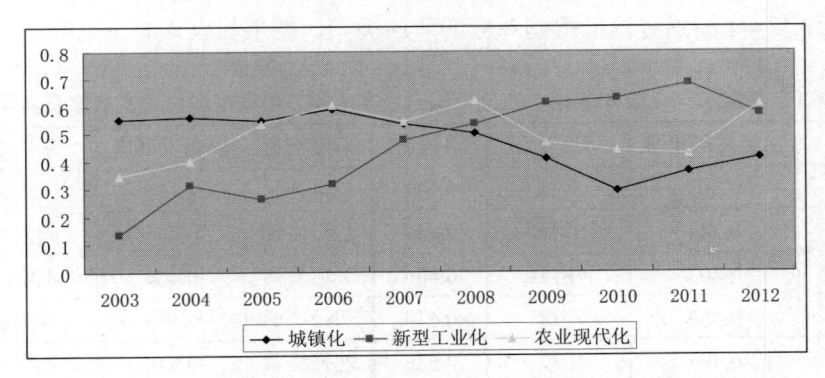

图 4-5　2003—2012 年十三师"三化"发展水平趋势图

由表 4-14 和图 4-5 可以看出，2003—2010 年期间，除个别年份外，十三师城镇化水平处于逐渐降低的态势，2010 年达到最低水平 0.291，然后又逐年上升至 2012 年的 0.413。与 2003 年对比，2012 年十三师城镇化水平降低了 25%。2003—2012 年十年期间，十三师新型工业化水平除个别年份略有降幅外，总体呈迅速增长的趋势，相比于 2003 年，2012 年的新型工业化水平提升了 3.23 倍，而 2011 年竟提升了 4.04 倍。十三师农业现代化发展水平呈现中间高、两头低的发展趋势，2008 年达到最高水平 0.620，与 2003 年比较，2012 年农业现代化发展水平提升了 76%。综合来看，2003—2005 年三年中城镇化处于优势地位；2006—2008 年三中农业现代化处于主导地位；2009—2012年四年中新型工业化处于支配地位。新型工业化水平在2008年以前是"三化"发展的制约因素，随着其快速的发展，逐渐引领十三师"三化"发展。同时随着农业现代化水平的提高，城镇化最终成为十三师"三化"发展的制约因素。"三化"整体发展水平在2007年和2008年很接近，2012年再度比较接近。

3. 兵团"三化"协调发展水平的时序特征

根据表4-6兵团"三化"发展水平数据利用公式（4-20）、（4-22）和（4-23），可以计算得到兵团"三化"综合发展水平、协调度和协调发展度，并依据表4-2、表4-3和表4-4的划分标准得到对应的所属类型，结果如表4-15所示。

表4-15 2003—2012年兵团"三化"综合发展水平、协调度和协调发展度及其类型

年份	综合发展水平	所属类型	协调度	所属类型	协调发展度	所属类型
2003	0.363	较低	0.037	失调	0.115	失调
2004	0.344	较低	0.631	初级协调	0.466	濒临失调
2005	0.403	中度	0.406	濒临失调	0.404	濒临失调
2006	0.450	中度	0.614	初级协调	0.526	勉强协调
2007	0.495	中度	0.526	勉强协调	0.510	勉强协调
2008	0.508	中度	0.602	初级协调	0.553	勉强协调
2009	0.594	中度	0.836	良好协调	0.705	中级协调
2010	0.552	中度	0.827	良好协调	0.676	初级协调
2011	0.577	中度	0.992	优质协调	0.756	中级协调
2012	0.614	较高	0.721	中级协调	0.665	初级协调

利用表4-15数据可以分别得到兵团2003—2012年"三化"综合发展水平趋势图，见图4-6。

由表4-15和图4-6可知，2003—2012年兵团"三化"综合发展水平除2004年和2010年有小幅度下降外，总体呈现直线上升的趋势，发展势头良好；2012

年比 2003 年"三化"综合发展水平提升了 69%。但是兵团"三化"综合发展水平除 2012 年为 0.614，处于较高水平外，其余年份均在中低水平徘徊。

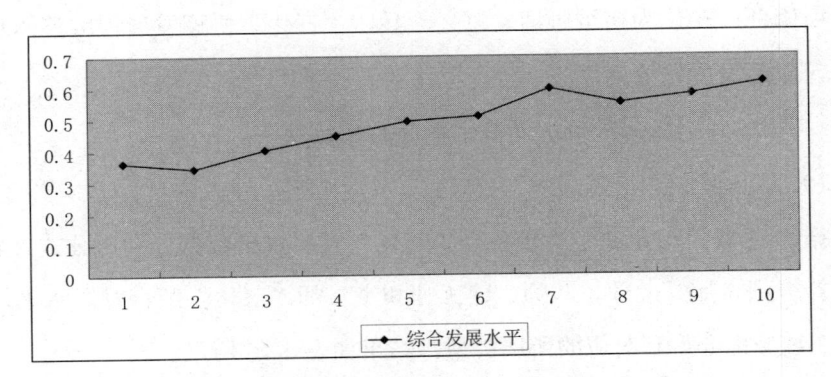

图 4-6 2003－2012 年兵团"三化"综合发展水平

利用表 4-15 数据可以分别得到兵团 2003－2012 年"三化"发展协调度和协调发展度趋势图，见图 4-7。

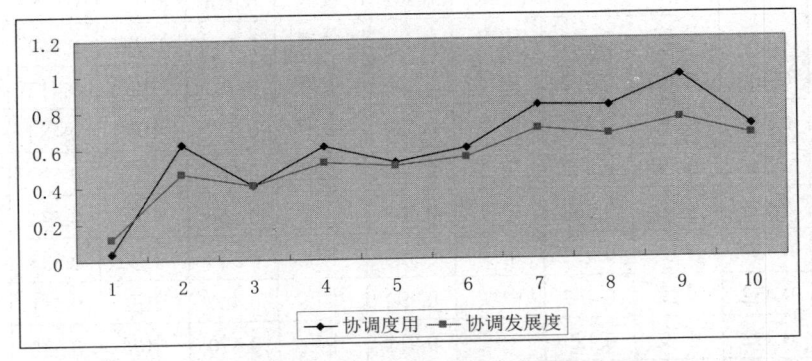

图 4-7 2003－2012 年兵团"三化"发展协调度和协调发展度分析图

由表 4-15 和图 4-7 可知，2003－2012 年兵团"三化"发展协调度由较低水平的失调状态向较高水平的良好、优质协调波动迈进；2011 年协调度达到最大值 0.992，"三化"协调水平达到了最高水平的优质协调；但是 2012 年与 2011 年比较协调度有所下降，由优质协调转化为中级协调。过去十年的协调发展度也是由低水平的失调状态发展到了初级、中级协调状态，发展过程也呈现一种波动上升的态势：2011年协调发展度达到0.756的最高水平，为中级协调；2012年协调发展度有所降低，转化为初级协调。总之，兵团"三化"协调发展程度整体水平不是很高，但是发展态势良好。

4. 兵团各师"三化"协调发展水平的时序特征

（1）天山北坡经济带

根据表4-8天山北坡经济带各师"三化"发展水平数据，利用公式（4-20）可以计算得到六师、七师、八师、建工师和十二师"三化"综合发展水平，并依据表4-2划分标准得到对应的所属类型，结果如表4-16所示。

表4-16　2003－2012年天山北坡经济带各师"三化"综合发展水平及其类型

年份	六师 水平	六师 类型	七师 水平	七师 类型	八师 水平	八师 类型	建工师 水平	建工师 类型	十二师 水平	十二师 类型
2003	0.365	较低	0.355	较低	0.343	较低	0.418	中度	0.297	较低
2004	0.449	中度	0.432	中度	0.468	中度	0.464	中度	0.382	较低
2005	0.460	中度	0.472	中度	0.465	中度	0.483	中度	0.412	中度
2006	0.510	中度	0.538	中度	0.524	中度	0.547	中度	0.484	中度
2007	0.543	中度	0.542	中度	0.545	中度	0.569	中度	0.507	中度
2008	0.579	中度	0.566	中度	0.563	中度	0.566	中度	0.534	中度
2009	0.533	中度	0.517	中度	0.520	中度	0.543	中度	0.538	中度
2010	0.452	中度	0.457	中度	0.492	中度	0.489	中度	0.511	中度
2011	0.492	中度	0.489	中度	0.511	中度	0.470	中度	0.530	中度
2012	0.504	中度	0.529	中度	0.530	中度	0.440	中度	0.553	中度

依据表4-16数据，可以作出天山北坡经济带各师"三化"综合发展水平趋势图，如图4-8所示。

由表4-16和图4-8可知，2003－2012年十年期间，除六师、七师和八师2003年，十二师2003年与2004年"三化"综合发展水平较低外，天山北坡经济带各师"三化"综合发展水平基本处于中度水平。2008年是一个重要的节点,各师"三化"综合发展水平在2003—2008年为持续上升的态势;2010年是另一个比较重要的转折点:2008—2010年各师"三化"综合发展水平持续降低之后,在2011年和2012年又连续上升。与2003年比较,2012年十二师"三化"综合发展水平提升的幅度最大,为86%;八师次之,为55%;七师第三,为49%;六师第四,为38%;建工师增幅最小,仅为5%。总之,天山北坡经济带各师"三化"综合发展水平都不是很高,除个别年份外,基本处于中度发展水平,除了建工师,其他各师增长速度比较快。

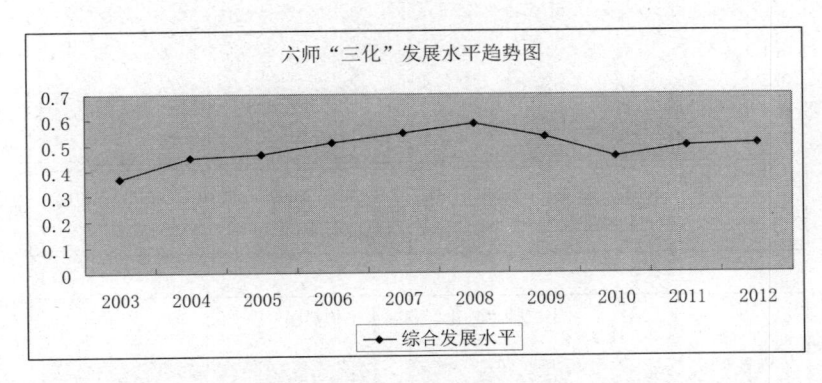

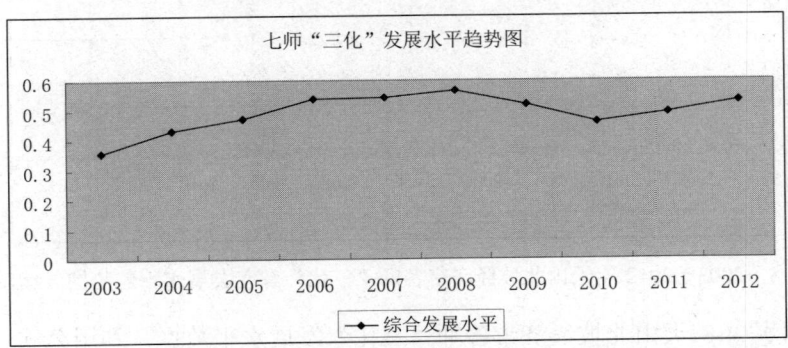

图4-8 2003—2012年天山北坡经济带各师"三化"综合发展水平趋势图

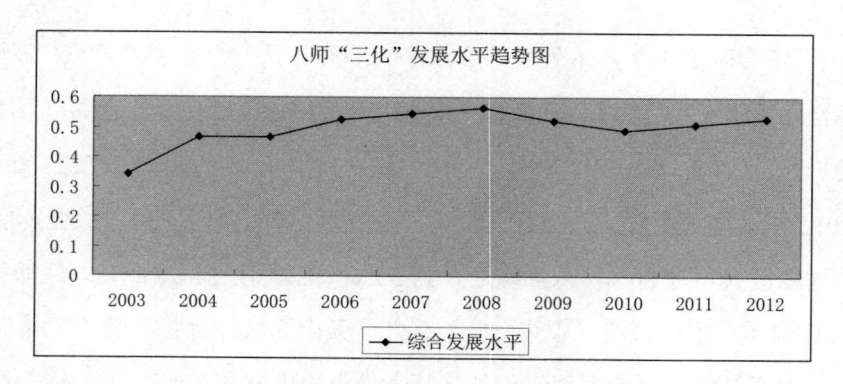

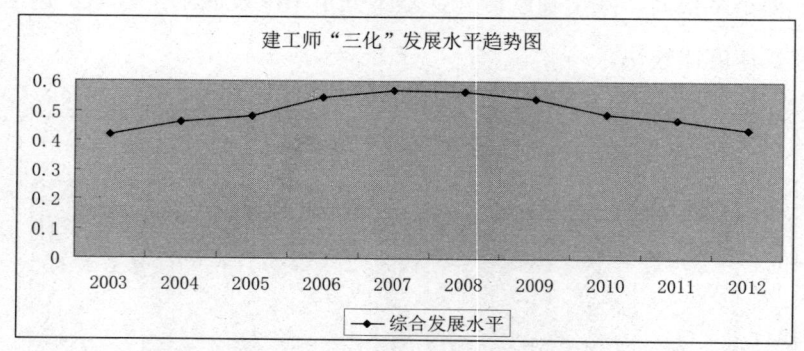

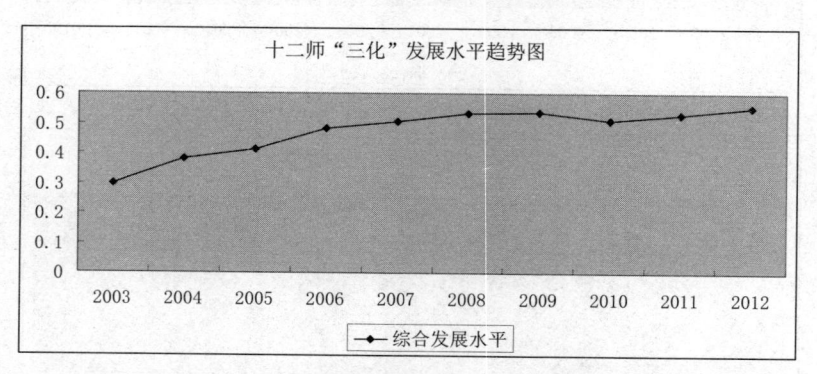

图 4-8　2003－2012 年天山北坡经济带各师"三化"综合发展水平趋势图（续图）

根据表 4-8 天山北坡经济带各师"三化"发展水平数据，利用公式（4-22）可以计算得到六师、七师、八师、建工师和十二师"三化"发展水平协调度，并依据表 4-3 划分标准得到对应的所属类型，结果如表 4-17 所示。

表 4-17 2003—2012 年天山北坡经济带各师"三化"协调度及其类型

年份	六师 水平	六师 类型	七师 水平	七师 类型	八师 水平	八师 类型	建工师 水平	建工师 类型	十二师 水平	十二师 类型
2003	0.027	失调	0.126	失调	0.009	失调	0.120	失调	0.027	失调
2004	0.571	勉强协调	0.670	初级协调	0.957	优质协调	0.652	初级协调	0.519	勉强协调
2005	0.230	失调	0.605	初级协调	0.365	失调	0.421	濒临失调	0.187	失调
2006	0.373	失调	0.614	初级协调	0.481	濒临失调	0.489	濒临失调	0.371	失调
2007	0.932	优质协调	0.981	优质协调	0.970	优质协调	0.873	良好协调	0.945	优质协调
2008	0.891	良好协调	0.903	优质协调	0.891	良好协调	0.887	良好协调	0.984	优质协调
2009	0.764	中级协调	0.840	良好协调	0.793	中级协调	0.663	初级协调	0.747	中级协调
2010	0.313	失调	0.551	勉强协调	0.478	濒临失调	0.442	濒临失调	0.479	濒临失调
2011	0.424	濒临失调	0.688	初级协调	0.578	勉强协调	0.612	初级协调	0.588	勉强协调
2012	0.795	中级协调	0.721	中级协调	0.873	良好协调	0.984	优质协调	0.643	初级协调

根据表 4-8 天山北坡经济带各师"三化"发展水平数据，利用公式（4-23）可以计算得到六师、七师、八师、建工师和十二师"三化"协调发展度，并依据表 4-4 划分标准得到对应的所属类型，结果如表 4-18 所示。

表 4-18 2003—2012 年天山北坡经济带各师"三化"协调发展度及其类型

年份	六师 水平	六师 类型	七师 水平	七师 类型	八师 水平	八师 类型	建工师 水平	建工师 类型	十二师 水平	十二师 类型
2003	0.099	失调	0.211	失调	0.056	失调	0.224	失调	0.089	失调
2004	0.506	勉强协调	0.538	勉强协调	0.669	初级协调	0.550	勉强协调	0.446	濒临失调

续表

年份	六师 水平	六师 类型	七师 水平	七师 类型	八师 水平	八师 类型	建工师 水平	建工师 类型	十二师 水平	十二师 类型
2005	0.326	失调	0.534	勉强协调	0.412	濒临失调	0.451	濒临失调	0.277	失调
2006	0.436	濒临失调	0.575	勉强协调	0.502	勉强协调	0.517	勉强协调	0.424	濒临失调
2007	0.711	中级协调	0.729	中级协调	0.727	中级协调	0.705	中级协调	0.692	初级协调
2008	0.718	中级协调	0.715	中级协调	0.708	中级协调	0.708	中级协调	0.725	中级协调
2009	0.638	初级协调	0.659	初级协调	0.642	初级协调	0.600	勉强协调	0.634	初级协调
2010	0.376	失调	0.502	勉强协调	0.485	濒临失调	0.465	濒临失调	0.495	濒临失调
2011	0.457	濒临失调	0.580	勉强协调	0.543	勉强协调	0.536	勉强协调	0.558	勉强协调
2012	0.633	初级协调	0.617	初级协调	0.680	初级协调	0.658	初级协调	0.596	勉强协调

依据表 4-17 和表 4-18 数据，作出天山北坡经济带各师"三化"发展水平协调度和协调发展度趋势图，如图 4-9 所示。

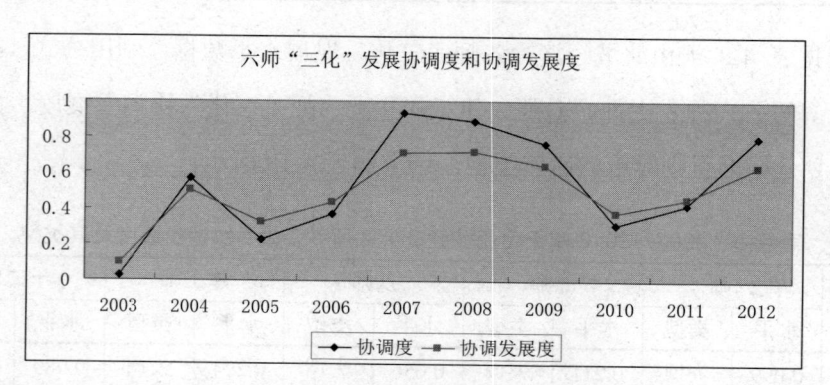

图 4-9 2003—2012 年天山北坡经济带各师"三化"水平协调度和协调发展度趋势图

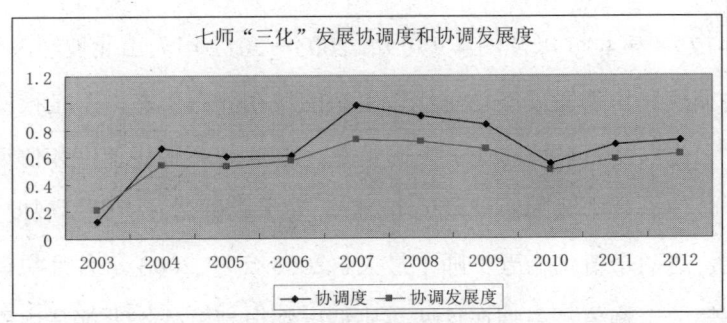

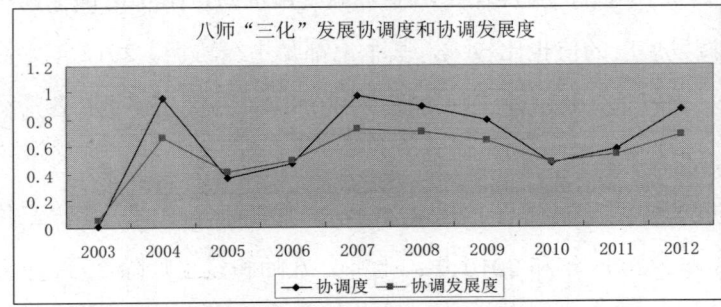

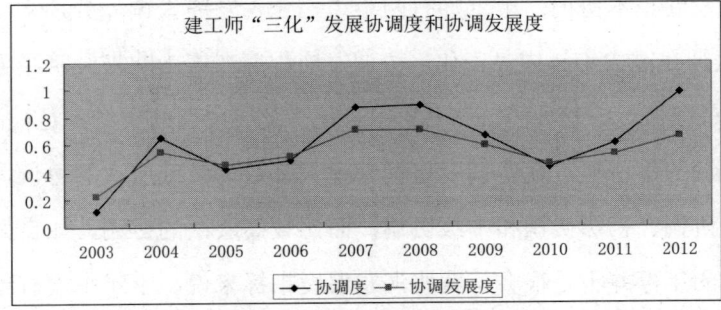

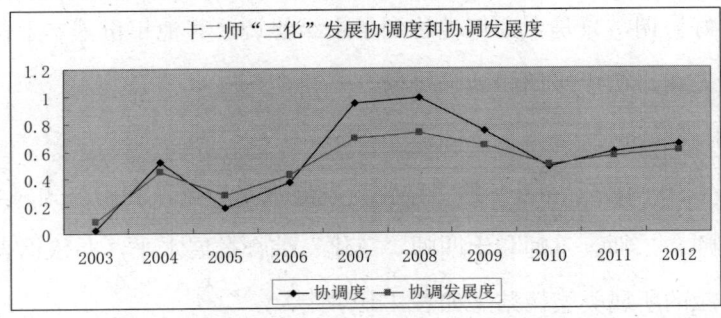

图 4-9 2003－2012 年天山北坡经济带各师"三化"水平协调度和协调发展度趋势图（续图）

由表4-17和表4-18以及图4-9可知,2003—2012年天山北坡经济带各师"三化"水平协调度和协调发展度均呈比较复杂的波动分布形态,不是很稳定。2003年五个师"三化"发展水平均处于失调状态。2004年各师协调度和协调发展度均达到第一个峰值,其中八师协调度为0.957,为优质协调;协调发展度为0.669,为初级协调,这两个值均为五个师中最大。2007年和2008年各师协调度和协调发展度达到第二个峰值,各师在这两年协调度都很高,基本上都是优质协调和良好协调;协调发展度的值也比较大,基本上都是中级协调。2012年为协调度和协调发展度第三个峰值,其中建工师协调度为0.984,为优质协调;各师协调发展度基本上都在0.6左右,属于初级协调。

就协调度和协调发展度两个指标来说,六师在十年中有三年"三化"发展失调,为2003年、2005年和2010年;七师、八师和建工师除2003年外,其他年份"三化"发展基本协调;十二师有两年"三化"发展失调,分别为2003年和2005年。八师在过去十年中"三化"协调发展程度在天山北坡经济带五个师中最好,而六师最差。天山北坡经济带各师"三化"发展协调的质量不是很高,在"三化"发展协调的年份里,就协调度指标来说大多数为较低层次的协调,比如濒临失调、勉强协调、初级协调和中级协调,而比较高层次的协调,如良好协调、优质协调所占的年份并不是很多。就协调发展度指标来说,十年中没有年份达到优质协调和良好协调,只是个别年份达到了中级协调,其他年份基本上都是比较低层次的濒临失调、初级协调和勉强协调。

（2）南疆经济带

根据表4-10南疆经济带各师"三化"发展水平数据,利用公式（4-20）可以计算得到一师、二师、三师和十四师"三化"综合发展水平,并依据表4-2划分标准得到对应的所属类型,结果如表4-19所示。

表 4-19 2003—2012 年南疆经济带各师"三化"综合发展水平及其类型

年份	一师 水平	一师 类型	二师 水平	二师 类型	三师 水平	三师 类型	十四师 水平	十四师 类型
2003	0.301	较低	0.318	较低	0.285	较低	0.372	较低
2004	0.362	较低	0.393	较低	0.342	较低	0.451	中度
2005	0.393	较低	0.426	中度	0.392	较低	0.514	中度
2006	0.427	中度	0.490	中度	0.449	中度	0.568	中度
2007	0.462	中度	0.513	中度	0.474	中度	0.579	中度
2008	0.489	中度	0.541	中度	0.504	中度	0.600	中度
2009	0.472	中度	0.529	中度	0.503	中度	0.550	中度
2010	0.445	中度	0.472	中度	0.484	中度	0.470	中度
2011	0.509	中度	0.508	中度	0.550	中度	0.485	中度
2012	0.582	中度	0.547	中度	0.623	较高	0.475	中度

依据表 4-19 数据，可以作出南疆经济带各师"三化"综合发展水平趋势图，如图 4-10 所示。

由表 4-19 和图 4-10 可知，南疆经济带四个师"三化"综合发展水平变化规律类似，2003—2012 年十年期间，除 2009 年和 2010 年连续两年略有降低外，总体呈现平稳上升的势头。除个别年份外，南疆经济带各师"三化"综合发展水平基本处于中度发展水平，其中一师和三师 2003—2005 年连续三年"三化"综合发展水平处于较低水平，2006 年以后"三化"综合发展水平基本上处于中度水平；二师 2003 年和 2004 年处在较低水平，十四师 2003 年处于最低水平，其他年份均处于中度水平。与 2003 年比较，2012 年"三化"综合发展水平提升程度最快的为三师，增长幅度为 119%；一师和二师增长幅度也比较大，分别达到了 93%和72%；增长最慢的十四师，其增加幅度为 28%。

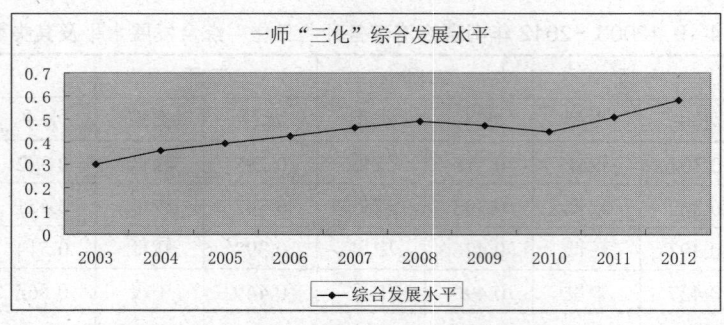

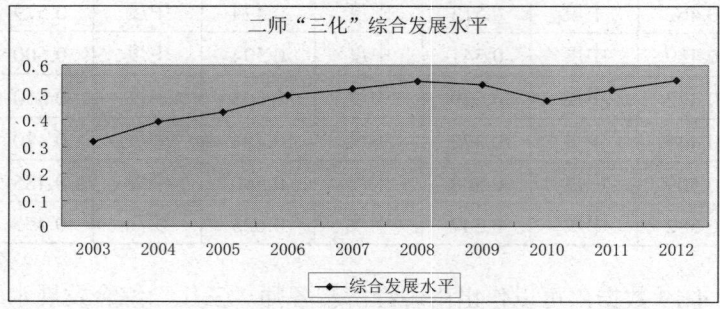

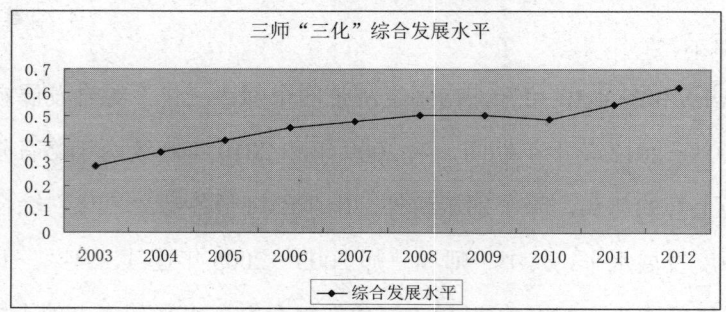

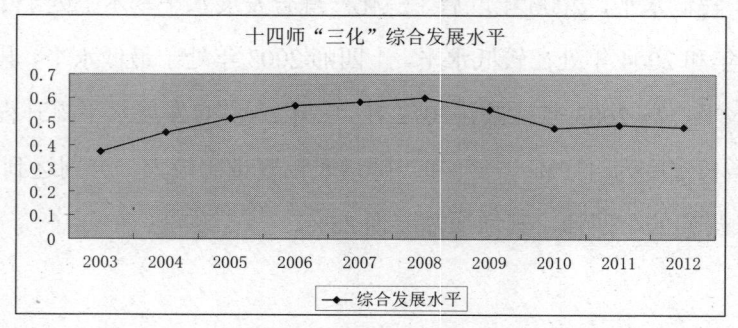

图 4-10　2003—2012 年南疆经济带各师"三化"综合发展水平趋势图

根据表 4-10 南疆经济带各师"三化"发展水平数据，利用公式（4-22）可以计算得到一师、二师、三师和十四师"三化"发展水平协调度，并依据表 4-3 划分标准得到对应的所属类型，结果如表 4-20 所示。

表 4-20 2003－2012 年南疆经济带各师"三化"协调度及其类型

年份	一师 水平	一师 类型	二师 水平	二师 类型	三师 水平	三师 类型	十四师 水平	十四师 类型
2003	0.081	失调	0.127	失调	0.121	失调	0.132	失调
2004	0.576	勉强协调	0.591	勉强协调	0.797	中级协调	0.558	勉强协调
2005	0.394	失调	0.565	勉强协调	0.489	濒临失调	0.372	失调
2006	0.573	勉强协调	0.681	初级协调	0.564	勉强协调	0.429	濒临失调
2007	0.909	优质协调	0.975	优质协调	0.982	优质协调	0.910	优质协调
2008	0.957	优质协调	0.971	优质协调	0.939	优质协调	0.932	优质协调
2009	0.587	勉强协调	0.757	中级协调	0.855	良好协调	0.886	良好协调
2010	0.401	濒临失调	0.507	勉强协调	0.677	初级协调	0.674	初级协调
2011	0.586	勉强协调	0.719	中级协调	0.799	中级协调	0.549	勉强协调
2012	0.779	中级协调	0.657	初级协调	0.947	优质协调	0.543	勉强协调

根据表 4-10 南疆经济带各师"三化"发展水平数据，利用公式（4-23）可以计算得到一师、二师、三师和十四师"三化"协调发展度，并依据表 4-4 划分标准得到对应的所属类型，结果如表 4-21 所示。

表 4-21 2003－2012 年南疆经济带各师"三化"协调发展度及其类型

年份	一师 水平	一师 类型	二师 水平	二师 类型	三师 水平	三师 类型	十四师 水平	十四师 类型
2003	0.156	失调	0.200	失调	0.186	失调	0.222	失调
2004	0.457	濒临失调	0.482	濒临失调	0.522	勉强协调	0.502	勉强协调
2005	0.394	失调	0.490	濒临失调	0.438	濒临失调	0.437	濒临失调
2006	0.495	濒临失调	0.578	勉强协调	0.504	勉强协调	0.494	濒临失调
2007	0.648	初级协调	0.707	中级协调	0.682	初级协调	0.726	中级协调

续表

年份	一师 水平	一师 类型	二师 水平	二师 类型	三师 水平	三师 类型	十四师 水平	十四师 类型
2008	0.684	初级协调	0.725	中级协调	0.688	初级协调	0.748	中级协调
2009	0.526	勉强协调	0.633	初级协调	0.656	初级协调	0.698	初级协调
2010	0.422	濒临失调	0.489	濒临失调	0.572	勉强协调	0.563	勉强协调
2011	0.546	勉强协调	0.604	初级协调	0.663	初级协调	0.516	勉强协调
2012	0.673	初级协调	0.600	勉强协调	0.768	中级协调	0.508	勉强协调

依据表 4-20 和表 4-21 数据，可以作出南疆经济带各师"三化"发展水平协调度和协调发展度趋势图，如图 4-11 所示。

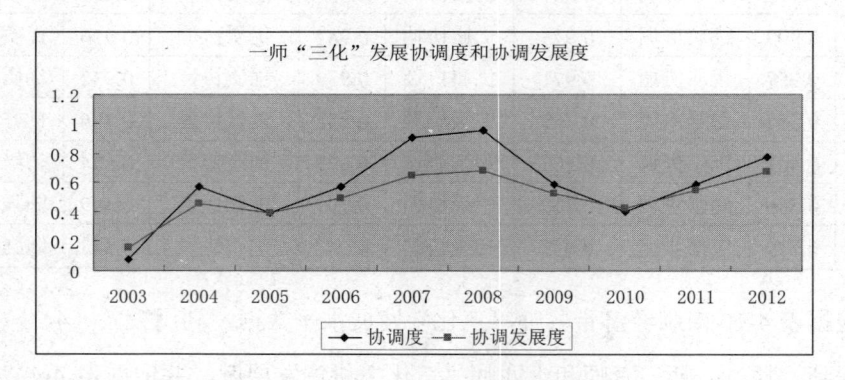

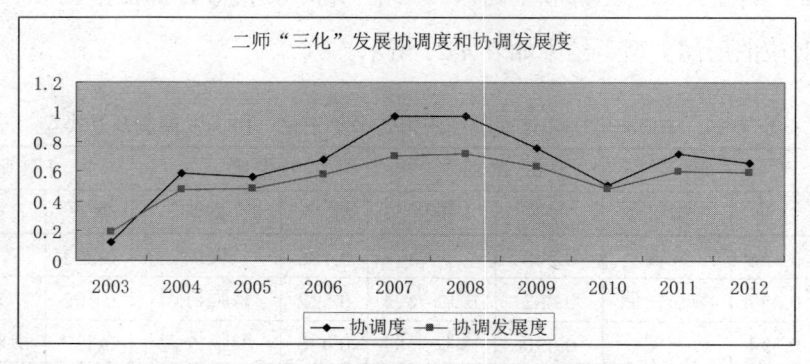

图 4-11 2003—2012 年南疆经济带各师"三化"协调度和协调发展度趋势图

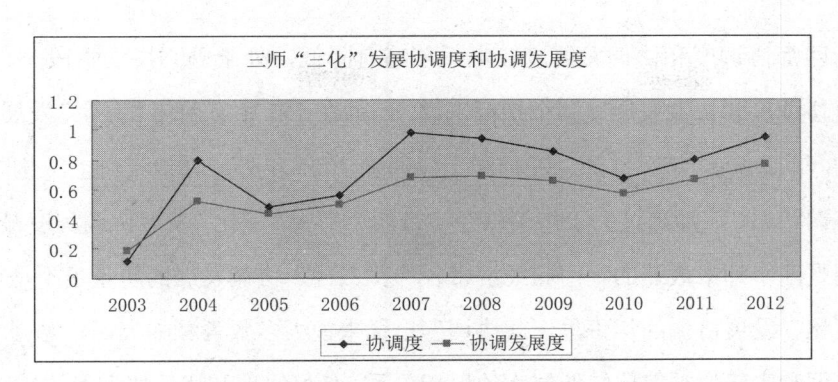

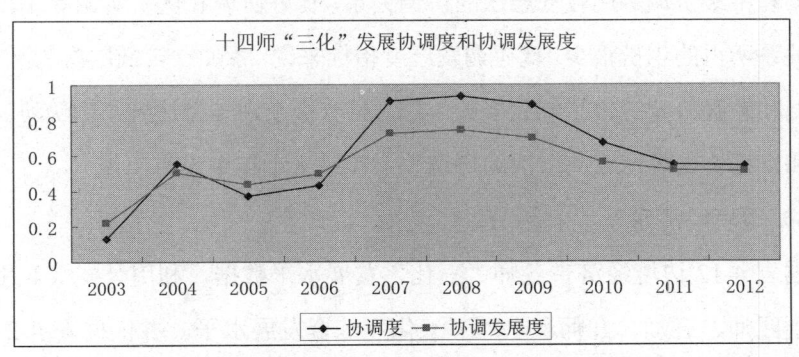

图 4-11　2003—2012 年南疆经济带各师"三化"协调度和协调发展度趋势图（续图）

由表 4-20 和表 4-21 及图 4-11 可知，2003—2012 年南疆经济带各师"三化"水平协调度和协调发展度分布态势起伏比较大，不是很稳定。2003 年四个师"三化"发展水平均处于失调状态，2004 年各师协调度和协调发展度大幅度提升，均达到第一个比较高的水平。其中，三师"三化"协调发展水平在四个师中最好，协调度为 0.797，为中度协调；协调发展度为 0.522，为勉强协调。2007 年和 2008 年各师协调度和协调发展度达到最高水平。四个师在这两年协调度的值都很高，全部大于 0.900，属于优质协调；一师和三师的协调发展度在 0.65 左右，属于初级协调；二师和十四师的协调发展度都大于 0.700，属于中级协调。2012 年，一师和三师协调度和协调发展度再次达到比较高的水平，其中三师比较突出，其协调度为 0.947，属于优质协调；协调发展度为 0.768，属于中级协调。2012 年，二师和十四师协调度和协调发展度较上一年略有降低,处于勉强协调阶段。

就协调度和协调发展度两个指标来说,一师在十年中有两年"三化"发展失调,为2003年和2005年;二师、三师和十四师除2003年外,其他年份"三化"发展处于协调状态。三师是过去十年南疆经济带四个师中"三化"发展协调程度最好的,一师则是四个师中最差的。南疆经济带各师"三化"协调发展的质量也不是很高。在"三化"发展协调的年份里,就协调度指标来说大多数为濒临失调、勉强协调、初级协调和中级协调等比较低层次的协调关系,良好协调和优质协调等比较高层次的协调关系所占的年份很少;就协调发展度指标来说,各师比较低层次的濒临失调、初级协调和勉强协调等占了绝大多数年份,只有极个别年份达到了中级协调,而优质协调和良好协调等比较高层次的协调关系在过去十年中没有出现。

(3)边境经济带

根据表4-12边境经济带各师"三化"发展水平数据,利用公式(4-20)可以计算得到四师、五师、九师和十师"三化"综合发展水平,并依据表4-2划分标准得到对应的所属类型,结果如表4-22所示。

表4-22 2003—2012年边境经济带各师"三化"综合发展水平及其类型

年份	四师 水平	四师 类型	五师 水平	五师 类型	九师 水平	九师 类型	十师 水平	十师 类型
2003	0.256	较低	0.315	较低	0.364	较低	0.324	较低
2004	0.330	较低	0.386	较低	0.440	中度	0.399	较低
2005	0.407	中度	0.409	中度	0.492	中度	0.436	中度
2006	0.467	中度	0.481	中度	0.557	中度	0.497	中度
2007	0.502	中度	0.517	中度	0.576	中度	0.528	中度
2008	0.530	中度	0.551	中度	0.615	较高	0.573	中度
2009	0.530	中度	0.554	中度	0.565	中度	0.555	中度
2010	0.508	中度	0.475	中度	0.490	中度	0.478	中度
2011	0.568	中度	0.505	中度	0.505	中度	0.527	中度
2012	0.634	较高	0.543	中度	0.487	中度	0.548	中度

依据表 4-22 数据，可以作出边境经济带各师"三化"综合发展水平趋势图，如图 4-12 所示。

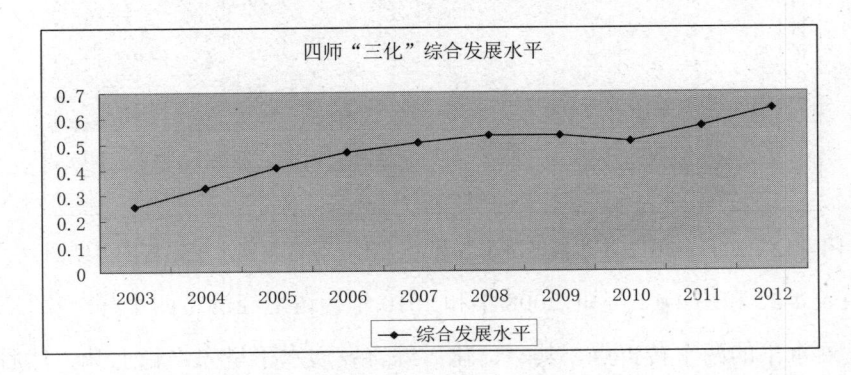

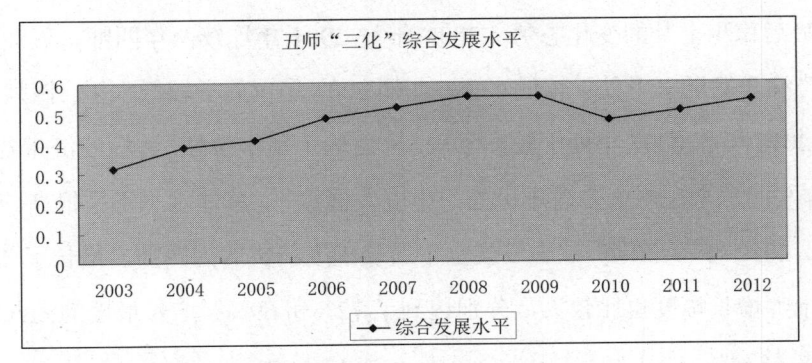

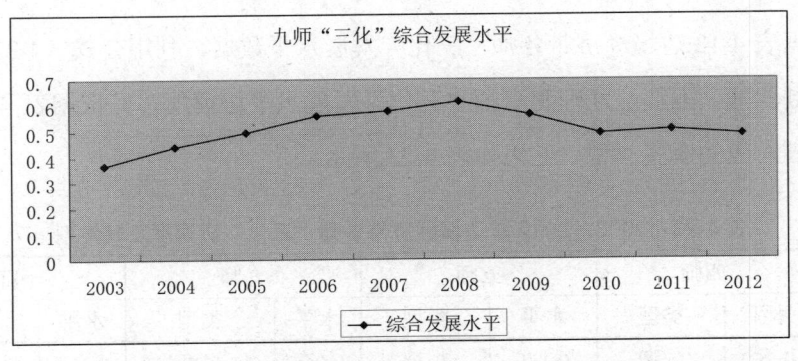

图 4-12 2003－2012 年边境经济带各师"三化"综合发展水平趋势图

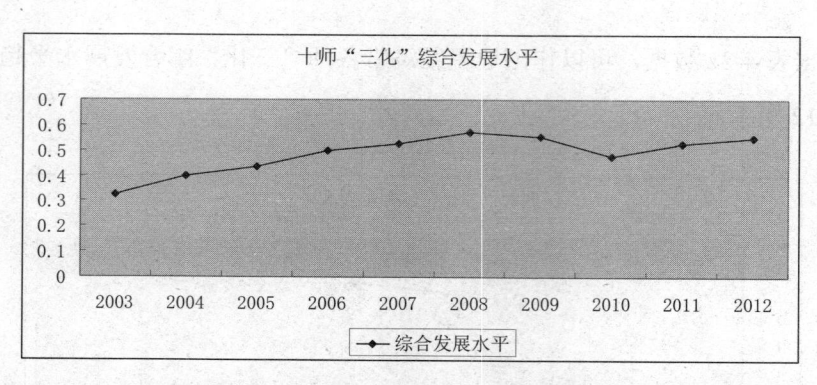

图 4-12 2003－2012 年边境经济带各师"三化"综合发展水平趋势图（续图）

由表 4-22 和图 4-12 可知，2008 年和 2010 年为边境经济带四个师十年"三化"、综合发展水平的两个转折点，其"三化"综合发展水平呈先平稳上升、然后缓慢下降、最后稳步上升的变化态势。2003 年与 2004 年连续两年四师、五师和十师"三化"综合发展水平处于较低水平，九师 2003 年也处于较低水平。四师和九师分别在 2012 年和 2007 年处于较高水平。除这些个别年份外，边境经济带各师"三化"综合发展水平在绝大多数年份处于中度发展水平，总体水平不是很高。与 2003 年比较，2012 年"三化"综合发展水平增长程度最快的为四师，增长了 148%；五师和十师增长幅度也比较大，分别达到了 72% 和 69%；增长最慢的为九师，其增长幅度为 34%。

根据表 4-12 边境经济带各师"三化"发展水平数据，利用公式（4-22）可以计算得到四师、五师、九师和十师"三化"发展水平协调度，并依据表 4-3 划分标准得到对应的所属类型，结果如表 4-23 所示。

表 4-23 2003－2012 年边境经济带各师"三化"协调度及其类型

年份	四师 水平	四师 类型	五师 水平	五师 类型	九师 水平	九师 类型	十师 水平	十师 类型
2003	0.369	失调	0.111	失调	0.065	失调	0.114	失调
2004	0.937	优质协调	0.598	勉强协调	0.565	勉强协调	0.709	中级协调

续表

年份	四师 水平	四师 类型	五师 水平	五师 类型	九师 水平	九师 类型	十师 水平	十师 类型
2005	0.716	中级协调	0.348	失调	0.230	失调	0.455	濒临失调
2006	0.775	中级协调	0.538	勉强协调	0.327	失调	0.536	勉强协调
2007	0.991	优质协调	0.982	优质协调	0.884	良好协调	0.981	优质协调
2008	0.881	良好协调	0.860	良好协调	0.791	中级协调	0.873	良好协调
2009	0.865	良好协调	0.692	初级协调	0.800	中级协调	0.748	中级协调
2010	0.843	良好协调	0.430	濒临失调	0.528	勉强协调	0.507	勉强协调
2011	0.933	优质协调	0.724	中级协调	0.564	勉强协调	0.669	初级协调
2012	0.826	良好协调	0.838	良好协调	0.845	良好协调	0.843	良好协调

根据表4-12边境经济带各师"三化"发展水平数据，利用公式（4-23）可以计算得到四师、五师、九师和十师"三化"协调发展度，并依据表4-4划分标准得到对应的所属类型，结果如表4-24所示。

表4-24 2003—2012年边境经济带各师"三化"协调发展度及其类型

年份	四师 水平	四师 类型	五师 水平	五师 类型	九师 水平	九师 类型	十师 水平	十师 类型
2003	0.307	失调	0.187	失调	0.154	失调	0.192	失调
2004	0.556	勉强协调	0.480	濒临失调	0.499	濒临失调	0.532	勉强协调
2005	0.540	勉强协调	0.377	失调	0.337	失调	0.445	濒临失调
2006	0.602	初级协调	0.508	勉强协调	0.427	濒临失调	0.516	勉强协调
2007	0.705	中级协调	0.712	中级协调	0.714	中级协调	0.720	中级协调
2008	0.684	初级协调	0.689	初级协调	0.697	初级协调	0.707	中级协调
2009	0.677	初级协调	0.619	初级协调	0.672	初级协调	0.644	初级协调
2010	0.655	初级协调	0.452	濒临失调	0.509	勉强协调	0.492	濒临失调
2011	0.728	中级协调	0.605	初级协调	0.534	勉强协调	0.594	勉强协调
2012	0.724	中级协调	0.674	初级协调	0.641	初级协调	0.680	初级协调

依据表4-23和表4-24数据，可以作出边境经济带各师"三化"发展水平协

调度和协调发展度趋势图,如图 4-13 所示。

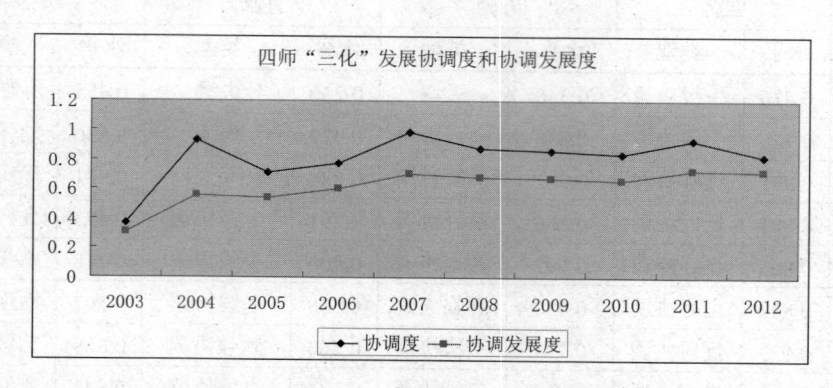

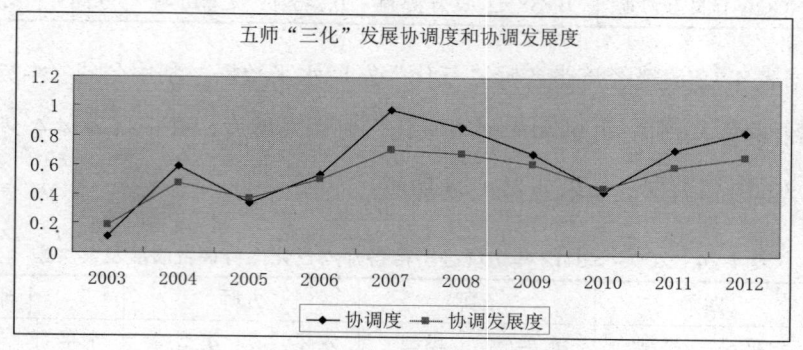

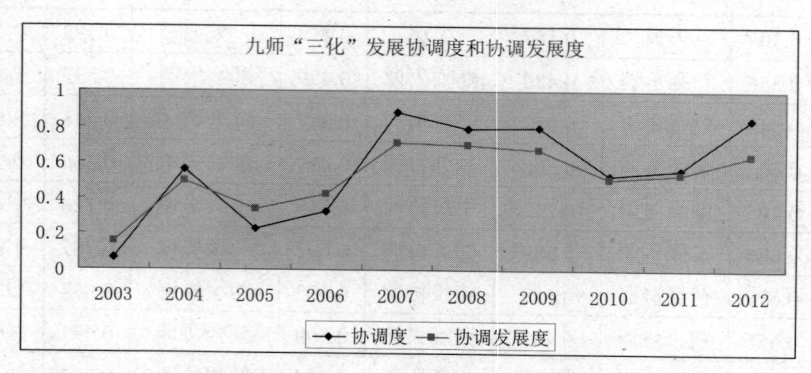

图 4-13　2003—2012 年边境经济带各师"三化"发展协调度和协调发展度趋势图

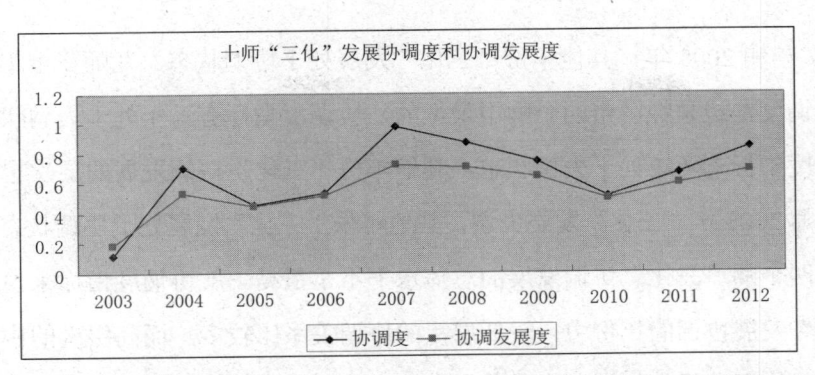

图 4-13　2003—2012 年边境经济带各师"三化"发展协调度和协调发展度趋势图（续图）

由表 4-23 和表 4-24 及图 4-13 可知，2003—2012 年十年期间边境经济带各师"三化"水平协调度和协调发展度状态呈现增长态势，由失调逐渐向协调状态发展变化，但不是很稳定。相对于 2003 年的"三化"失调状态，四个师 2004 年协调度和协调发展度增加幅度比较大，达到第一个峰顶；其中四师"三化"协调发展水平最好，协调度为 0.937，为优质协调，协调发展度为 0.540，为勉强协调。2007 年四个师协调度和协调发展度达到最高程度，四师、五师和十师协调度均超过 0.900，属于优质协调，九师协调度为 0.884，为良好协调；四个师的协调发展度均超过 0.700，为中度协调。2008 年各师的协调度也比较高，四师、五师和十师分别为 0.881、0.860 和 0.873，属于良好协调，九师为 0.791，为中级协调；四师、五师和九师协调发展度虽然为初级协调，但是指标取值都接近于中级协调水平，十师协调发展度为 0.707，为中级协调。2012 年四个师的协调水平又达到了一个较好的水平，四师、五师、九师和十师协调度都在 0.800 以上，均为良好协调；协调发展度除四师为中级协调水平外，其他三个均为初级协调。

就协调度和协调发展度两个指标来说，四师在十年中"三化"协调度最高，2003 年"三化"发展失调，其他年份协调度指标优质协调和良好协调占了很大的比例；协调发展度指标中级协调也有三年之多。五师有两年处于失调状态，分别为 2003 年和 2005 年，其他年份"三化"发展处于协调状态。九师在十年中"三化"协调度是边疆经济带四个师中最低的，协调度指标有三年处于失调状态，协调发展度指标有两年处于失调状态，其他年份"三化"协调发展的层次也不是很高。十师 2003 年"三化"发展失调，其他年份"三化"发展处于协调状态。南疆经济带四个师"三化"协调发展的总体水平不是很高。就协调度指标来说，各师"三化"发展协调的年份中，较低层次的协调关系比较多，而高层次的协调关系很少；就协调发展度指标来说，只有个别年份达到了中级协调状态，高层次协调关系在过去十年中没有。

（4）哈密特色经济区

根据表 4-12 十三师"三化"发展水平数据，利用公式（4-20）、（4-22）和（4-23），可以计算得到十三师"三化"综合发展水平、协调度和协调发展度，并依据表 4-2、表 4-3 和表 4-4 划分标准得到对应的所属类型，结果如表 4-25 所示。

表 4-25 2003—2012 年十三师"三化"综合发展水平、协调度和协调发展度及其类型

年份	综合发展水平	所属类型	协调度	所属类型	协调发展度	所属类型
2003	0.344	较低	0.064	失调	0.149	失调
2004	0.425	中度	0.599	勉强协调	0.504	勉强协调
2005	0.448	中度	0.382	失调	0.413	濒临失调
2006	0.503	中度	0.476	濒临失调	0.489	濒临失调
2007	0.519	中度	0.969	优质协调	0.709	中级协调
2008	0.551	中度	0.928	优质协调	0.715	中级协调
2009	0.496	中度	0.779	中级协调	0.622	初级协调
2010	0.453	中度	0.419	濒临失调	0.436	濒临失调
2011	0.489	中度	0.508	勉强协调	0.498	濒临失调
2012	0.530	中度	0.783	中级协调	0.644	初级协调

利用表 4-25 数据可以分别得到十三师 2003—2012 年"三化"综合发展水平趋势图，见图 4-14；协调度和协调发展度趋势图，见图 4-15。

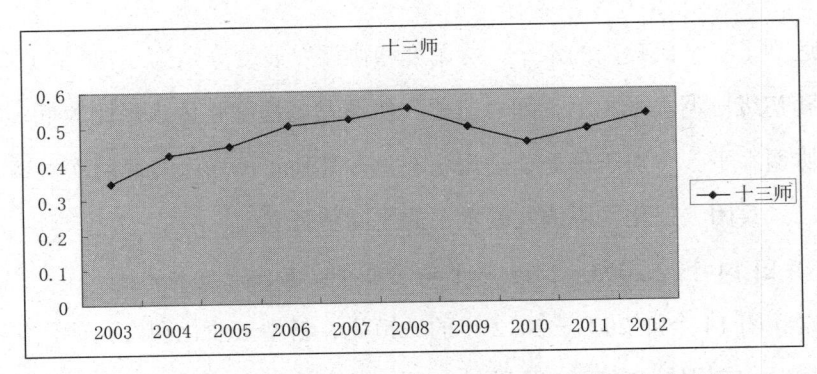

图 4-14 2003—2012 年十三师"三化"综合发展水平趋势图

由表 4-25 和图 4-14 可知，2003—2008 年十三师"三化"综合发展水平呈缓慢上升趋势，2009 年和 2010 年连续两年小幅下降之后，2011 年和 2012 年又连续两年有小幅度提升。综合发展水平除 2003 年处于较低水平外，其他年份均处于中度发展水平。2012 年较 2003 年"三化"综合发展水平上升了 54%。

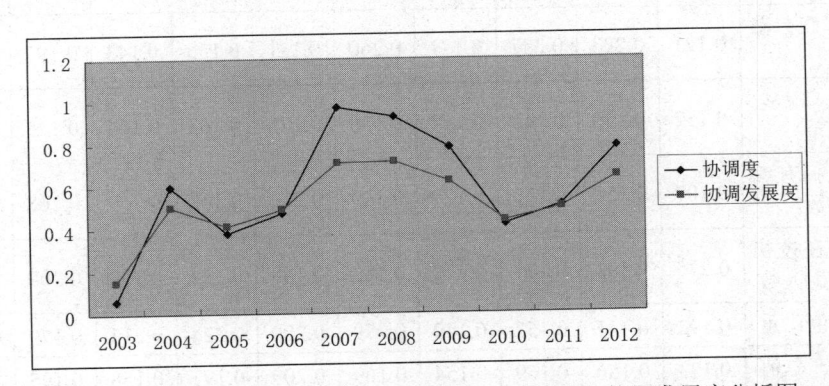

图 4-15 2003—2012 年十三师"三化"发展协调度和协调发展度分析图

由表 4-25 和图 4-15 可知，相比于 2003 年，2004 年十三师"三化"发展水平提升了很大幅度，协调度由 0.064 上升到 0.599，协调发展度由 0.149 上升到 0.504，均由失调状态发展为勉强协调状态。2007 年和 2008 年"三化"发展协调水平达到最高水平，协调度指标分别为 0.969 和 0.928，均属于优质协调；协调发展度指标分别为 0.709 和 0.715，均属于中度协调水平。2012 年十三师"三化"发展协调水平又达到了一个比较高的水平,协调度和协调发展度分别为 0.783 和 0.644,属于中级和初级协调水平。十三师"三化"协调发展程度整体水平比较低,除两年为优质协调水平、个别年份处于失调状态外,其他年份均为较低层次协调关系。

（二）兵团"三化"协调发展水平的空间特征

1. 兵团 14 个师 2003—2012 年十年间每年"三化"发展水平

依据兵团 14 个师 2003—2012 年的城镇化、新型工业化和农业现代化三个子系统的数据,应用熵权法可以得到 2003—2012 年各项指标的空间地域权重,如表 4-26 所示。

表 4-26　2003—2012 年兵团"三化"协调发展评价指标体系空间地域权重

指标	2003	2004	2005	2006	2007	2008	2009	2010	2011	2012
社会消费品零售总额	0.346	0.307	0.298	0.351	0.300	0.342	0.348	0.334	0.303	0.291
第三产业劳动生产率	0.121	0.223	0.257	0.171	0.260	0.121	0.155	0.143	0.197	0.248
非农人口占总人口比重	0.152	0.150	0.143	0.177	0.138	0.176	0.164	0.163	0.125	0.118
每千人拥有编制床位数	0.107	0.128	0.130	0.129	0.149	0.212	0.160	0.169	0.168	0.156
每千人在校初高中学生人数	0.275	0.191	0.171	0.172	0.153	0.148	0.174	0.190	0.207	0.187
工业产值比重	0.192	0.157	0.152	0.149	0.179	0.200	0.224	0.213	0.179	0.209
人均生产总值	0.133	0.156	0.169	0.154	0.169	0.209	0.193	0.158	0.195	0.249
万元工业产值综合能耗	0.097	0.154	0.072	0.108	0.121	0.112	0.114	0.192	0.265	0.126
第二产业劳动生产率	0.344	0.294	0.362	0.342	0.253	0.186	0.184	0.177	0.137	0.181
专业技术人员数	0.234	0.238	0.245	0.246	0.278	0.293	0.286	0.259	0.224	0.235
第一产业就业比重	0.153	0.203	0.205	0.200	0.194	0.139	0.131	0.134	0.110	0.110

续表

指标	2003	2004	2005	2006	2007	2008	2009	2010	2011	2012
粮食单产	0.142	0.182	0.178	0.182	0.184	0.196	0.155	0.188	0.399	0.255
单位面积农业机械总动力	0.389	0.242	0.252	0.256	0.272	0.393	0.327	0.301	0.223	0.343
农业劳动生产率	0.171	0.189	0.185	0.183	0.174	0.132	0.196	0.199	0.142	0.157
有效灌溉率	0.146	0.184	0.181	0.179	0.176	0.139	0.191	0.178	0.126	0.134

利用熵权法可以得到兵团 14 个师 2003—2012 年十年间的城镇化、新型工业化和农业现代化三个子系统的总体发展水平指数，如表 4-27、表 4-28 和表 4-29 所示。

表 4-27　兵团各师 2003—2012 年间城镇化发展水平

师	2003	2004	2005	2006	2007	2008	2009	2010	2011	2012
一师	0.386	0.406	0.409	0.401	0.416	0.434	0.412	0.416	0.419	0.417
二师	0.416	0.441	0.446	0.444	0.455	0.480	0.455	0.456	0.452	0.451
三师	0.293	0.305	0.309	0.289	0.312	0.297	0.295	0.299	0.315	0.318
四师	0.330	0.360	0.365	0.357	0.372	0.383	0.364	0.365	0.364	0.367
五师	0.357	0.376	0.380	0.366	0.386	0.399	0.378	0.384	0.391	0.390
六师	0.442	0.477	0.485	0.482	0.497	0.515	0.492	0.489	0.486	0.489
七师	0.288	0.318	0.324	0.318	0.333	0.345	0.325	0.325	0.324	0.327
八师	0.569	0.574	0.573	0.619	0.585	0.653	0.624	0.614	0.575	0.565
九师	0.347	0.385	0.391	0.380	0.403	0.435	0.397	0.403	0.402	0.401
十师	0.431	0.463	0.468	0.455	0.476	0.488	0.464	0.469	0.471	0.473
建工师	0.219	0.198	0.186	0.222	0.178	0.217	0.209	0.212	0.176	0.165
十二师	0.344	0.350	0.352	0.342	0.350	0.335	0.339	0.341	0.346	0.350
十三师	0.212	0.263	0.274	0.256	0.293	0.322	0.279	0.283	0.289	0.291
十四师	0.452	0.483	0.498	0.411	0.492	0.382	0.414	0.423	0.493	0.518

由表 4-27 可以看出，2003—2012 年十年间兵团 14 个师城镇化发展水平最高的为八师，其城镇化发展水平指数一直是兵团所有师中最高的，都在 0.500 以

上，2008年达到了0.653。其次是六师，其城镇化水平指数都在0.400以上，2008年达到0.515。六师和八师都处在新疆经济发展的引擎——天山北坡经济带，这一地区交通发达、基础条件好，是全疆城市最为密集、城镇化水平最高的地区，这两个师理所当然也是全兵团城镇化水平较高的区域。十年期间城镇化水平最低的是建工师，其城镇化发展水平指数一直比较小，基本上在0.200附近。最小值为2012年的0.165，这应与其主要从事建筑业的产业格局息息相关。十三师城镇化发展水平指数也比较低，其最低水平为0.212，最高水平也只有0.322，这与该师地域分布高度分散、产业结构不合理、基础设施建设相对落后、城镇建设资金投入较少有关。

表 4-28 兵团各师 2003—2012 年间新型工业化发展水平

师	2003	2004	2005	2006	2007	2008	2009	2010	2011	2012
一师	0.459	0.485	0.460	0.468	0.489	0.505	0.501	0.511	0.537	0.511
二师	0.399	0.439	0.388	0.408	0.433	0.447	0.446	0.481	0.529	0.461
三师	0.261	0.263	0.276	0.272	0.254	0.243	0.236	0.234	0.237	0.241
四师	0.620	0.623	0.584	0.600	0.615	0.615	0.630	0.664	0.676	0.624
五师	0.209	0.204	0.213	0.205	0.225	0.251	0.251	0.225	0.218	0.259
六师	0.441	0.476	0.425	0.447	0.466	0.467	0.468	0.511	0.549	0.466
七师	0.338	0.387	0.334	0.352	0.396	0.431	0.426	0.447	0.501	0.447
八师	0.594	0.625	0.571	0.590	0.659	0.702	0.707	0.718	0.733	0.686
九师	0.420	0.411	0.414	0.413	0.391	0.374	0.378	0.390	0.394	0.388
十师	0.283	0.312	0.250	0.272	0.307	0.323	0.334	0.377	0.418	0.342
建工师	0.284	0.344	0.307	0.317	0.340	0.372	0.355	0.368	0.443	0.407
十二师	0.375	0.402	0.328	0.354	0.390	0.406	0.423	0.478	0.524	0.436
十三师	0.514	0.500	0.499	0.503	0.465	0.429	0.436	0.467	0.470	0.440
十四师	0.451	0.433	0.444	0.448	0.374	0.305	0.309	0.354	0.357	0.311

由表 4-28 可以看出，过去十年兵团 14 个师中新型工业化发展水平最高的为

八师，其发展水平指数在十年中一直是兵团所有师中最好的，其十年的最高水平为2011年的0.733，2005年为最低水平，也达到了0.571。八师一直是兵团工业发展水平最好的一个师，有着很好的工业基础。近年来该师以"优化产业结构，提升工业水平"为主线，加大招商引资力度，加快推动循环经济的发展，全面推进新型工业化进程，其新型工业化水平理所当然是全兵团最高的。其次是六师，其新型工业化水平指数在过去十年中普遍也比较大，在0.425~0.549之间变动。该师处于乌昌经济圈内，区位优势得天独厚，近年来该师市坚持工业强师战略，大力发展工业，加大科技投入，推动新型工业化进程，呈现出了比较明显的后发优势。而过去十年间兵团新型工业化水平比较低的两个师为三师和五师。这两个师的新型工业化水平指数一直比较小，基本上就在0.200~0.280之间。其中三师位于南疆经济比较落后的喀什、克州境内，五师位于西北边陲的博州境内，两个师面临工业基础薄弱，所有制结构单一；产业结构不合理，基本以初级品加工为主；科技进步不足，资源利用效率低；结构性矛盾突出，产业结构调整和产业整合乏力等诸多问题和困难，使得两个师的新型工业化道路任重而道远。

表4-29 兵团各师2003-2012年间农业现代化发展水平

师	2003	2004	2005	2006	2007	2008	2009	2010	2011	2012
一师	0.631	0.731	0.724	0.722	0.713	0.638	0.673	0.693	0.773	0.676
二师	0.664	0.707	0.704	0.703	0.698	0.662	0.691	0.692	0.694	0.671
三师	0.558	0.664	0.658	0.652	0.638	0.530	0.602	0.607	0.571	0.540
四师	0.411	0.471	0.469	0.467	0.462	0.420	0.419	0.436	0.503	0.437
五师	0.722	0.766	0.763	0.761	0.755	0.710	0.750	0.750	0.731	0.718
六师	0.599	0.673	0.669	0.666	0.659	0.597	0.629	0.638	0.664	0.613
七师	0.690	0.750	0.745	0.743	0.735	0.680	0.730	0.737	0.744	0.706
八师	0.598	0.648	0.643	0.642	0.636	0.591	0.642	0.647	0.654	0.619
九师	0.264	0.327	0.324	0.322	0.314	0.260	0.269	0.289	0.343	0.283
十师	0.454	0.554	0.547	0.544	0.535	0.459	0.508	0.522	0.580	0.494

续表

师	2003	2004	2005	2006	2007	2008	2009	2010	2011	2012
建工师	0.350	0.343	0.342	0.341	0.340	0.331	0.383	0.362	0.261	0.317
十二师	0.617	0.644	0.641	0.641	0.640	0.625	0.644	0.645	0.665	0.637
十三师	0.855	0.826	0.828	0.828	0.832	0.853	0.844	0.830	0.779	0.826
十四师	0.623	0.664	0.664	0.663	0.665	0.654	0.626	0.631	0.701	0.647

由表 4-29 可以看出，过去十年兵团 14 个师中农业现代化水平最高的为十三师，其农业现代化指数除 2011 年为 0.779 外，其余九年都大于 0.800，最高水平达到了 0.855。十年期间一师的农业现代化水平仅次于十三师，其农业现代化发展水平指数普遍也比较高，最高水平为 0.773，最低水平也有 0.631。这两个师均为兵团的农业大师，通过加大农业结构调整力度，强势推动设施农业，促进畜牧业发展，实现了从传统农业的"小、乱、散、低"向专业化、规模化、集约化、组织化和社会化的现代化农业转换，农业经济保持了较快增长态势。过去十年中九师和建工师农业现代化水平相对比较低，其中九师在加强农业产业化进程、加快龙头企业发展步伐、大力发展职工农业合作经济组织、进一步拓展产品销售市场方面还有很长的路要走。而建工师农业现代化水平低的主要原因是其特殊的、以建筑业为支柱的经济和产业结构造成的。

而从表 4-27、表 4-28 和表 4-29 可以看出，2012 年兵团 14 个师城镇化水平和新型工业化水平比较低，而农业现代化水平相对来说比较高。

2. 兵团 14 个师 2003—2012 年间每年"三化"发展协调度及协调发展度

依据表 4-27 各师城镇化发展水平、表 4-28 各师新型工业化发展水平和表 4-29 各师农业现代化发展水平，应用公式（4-22）和公式（4-23），可以得到兵团各师 2003—2012 年间"三化"协调度与协调发展度，结果见表 4-30 和表 4-31。

表 4-30　兵团各师 2003—2012 年"三化"协调度

师	2003	2004	2005	2006	2007	2008	2009	2010	2011	2012
一师	0.685	0.570	0.567	0.562	0.625	0.796	0.691	0.671	0.562	0.701
二师	0.605	0.626	0.547	0.585	0.649	0.763	0.683	0.725	0.750	0.733
三师	0.348	0.208	0.241	0.218	0.229	0.359	0.222	0.215	0.287	0.357
四师	0.535	0.637	0.720	0.671	0.682	0.675	0.604	0.557	0.566	0.639
五师	0.100	0.076	0.090	0.077	0.113	0.198	0.156	0.115	0.116	0.202
六师	0.825	0.782	0.716	0.758	0.811	0.911	0.857	0.883	0.861	0.877
七师	0.253	0.280	0.241	0.254	0.336	0.479	0.352	0.355	0.362	0.403
八师	0.996	0.977	0.973	0.990	0.978	0.956	0.974	0.962	0.916	0.945
九师	0.726	0.921	0.907	0.909	0.896	0.668	0.775	0.824	0.957	0.807
十师	0.682	0.609	0.386	0.482	0.614	0.754	0.755	0.851	0.846	0.791
建工师	0.719	0.571	0.555	0.742	0.465	0.631	0.545	0.576	0.275	0.300
十二师	0.536	0.529	0.424	0.453	0.522	0.533	0.522	0.548	0.533	0.572
十三师	0.067	0.153	0.171	0.140	0.195	0.210	0.154	0.179	0.236	0.188
十四师	0.808	0.738	0.768	0.668	0.609	0.386	0.468	0.584	0.507	0.451

表 4-31　兵团各师 2003—2012 年"三化"协调发展度

师	2003	2004	2005	2006	2007	2008	2009	2010	2011	2012
一师	0.581	0.555	0.549	0.546	0.581	0.647	0.604	0.602	0.569	0.612
二师	0.546	0.575	0.530	0.550	0.586	0.635	0.602	0.627	0.647	0.622
三师	0.359	0.292	0.316	0.297	0.303	0.358	0.290	0.286	0.328	0.362
四师	0.492	0.556	0.584	0.565	0.574	0.565	0.533	0.522	0.539	0.552
五师	0.207	0.185	0.201	0.185	0.227	0.300	0.268	0.228	0.228	0.303
六师	0.639	0.651	0.614	0.635	0.662	0.693	0.674	0.694	0.698	0.677
七师	0.333	0.369	0.335	0.346	0.405	0.482	0.417	0.422	0.435	0.446
八师	0.765	0.776	0.761	0.781	0.783	0.788	0.801	0.797	0.774	0.768
九师	0.500	0.587	0.584	0.581	0.575	0.488	0.519	0.545	0.603	0.537
十师	0.515	0.519	0.403	0.452	0.519	0.565	0.574	0.623	0.644	0.588
建工师	0.452	0.410	0.393	0.466	0.365	0.440	0.415	0.425	0.284	0.298

续表

师	2003	2004	2005	2006	2007	2008	2009	2010	2011	2012
十二师	0.489	0.496	0.432	0.450	0.490	0.493	0.495	0.517	0.523	0.521
十三师	0.187	0.285	0.302	0.272	0.321	0.335	0.283	0.307	0.348	0.312
十四师	0.641	0.623	0.641	0.582	0.557	0.416	0.459	0.524	0.512	0.471

由表 4-30 和 4-31 可以看出，就协调度和协调发展度两个指标来说，兵团 14 个师在过去十年中基本上是呈"两头低，中间高"的倒 V 型发展态势，而且各师之间差异比较大。八师协调度和协调发展度在 2003—2012 年间均为全兵团最高，"三化"协调发展水平处于最佳状态。而十三师在过去十年中协调度和协调发展度一直比较小，处于兵团各师的末尾，"三化"协调发展状态最差。

3. 兵团 14 个师 2012 年"三化"发展水平、协调度及协调发展度分析

由表 4-27、表 4-28 和表 4-29，直接得到兵团 14 个师 2012 年"三化"发展水平，对其进行排序，结果见表 4-32。

表 4-32　兵团各师 2012 年"三化"发展水平及排序

区域	师	城镇化发展水平	排序	新型工业化发展水平	排序	农业现代化发展水平	排序
天山北坡经济带	六师	0.489	3	0.466	4	0.613	9
	七师	0.327	11	0.447	6	0.706	3
	八师	0.565	1	0.686	1	0.619	8
	建工师	0.165	14	0.407	9	0.317	13
	十二师	0.350	10	0.436	8	0.637	7
南疆经济带	一师	0.417	6	0.511	3	0.676	4
	二师	0.451	5	0.461	5	0.671	5
	三师	0.318	12	0.241	14	0.540	10
	十四师	0.518	2	0.311	12	0.647	6
边境经济带	四师	0.367	9	0.624	2	0.437	12
	五师	0.390	8	0.259	13	0.718	2

续表

区域	师	城镇化发展水平	排序	新型工业化发展水平	排序	农业现代化发展水平	排序
边境经济带	九师	0.401	7	0.388	10	0.283	14
	十师	0.473	4	0.342	11	0.494	11
哈密特色经济区	十三师	0.291	13	0.440	7	0.826	1

由表 4-32 数据，可以画出兵团各师 2012 年"三化"发展水平直方图，见图 4-16。

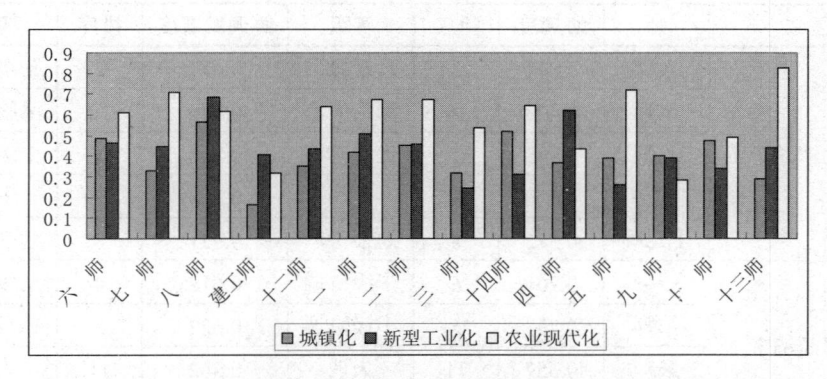

图 4-16 兵团各师 2012 年"三化"发展水平直方图

由表 4-32 和图 4-16 可知，从城镇化发展水平来看，2012 年兵团各师平均得分为 0.394，处于较低水平。八师排名第一，评价值达到了 0.565，其次是十四师，综合得分为 0.518，排名第三的六师综合得分为 0.489；城镇化发展水平排名靠后的为三师、十三师和建工师，得分仅为 0.318、0.291 和 0.165。从新型工业化发展水平来看，2012 年兵团各师平均得分为 0.430，也处于较低的水平。排名前三位的分别为八师、四师和一师，综合评价值依次为 0.686、0.624 和 0.511；新型工业化发展水平排名末尾的为十四师、五师和三师，得分依次为 0.311、0.259 和 0.241。从农业现代化发展水平来看，2012 年兵团各师平均水平为 0.585，处于中等水平。排名最高的为农十三师，评价值为 0.826，其次为五师，得分为 0.718，七师得分

0.706，排名第三；排名倒数三位的分别为九师、建工师和四师，评价得分分别为 0.283、0.317 和 0.437。总之，2012 年兵团各师"三化"发展整体水平不是很高，而且各个师之间差异很大。

由表 4-30 和表 4-31，可以得到兵团 14 个师 2012 年"三化"协调度和协调发展度，并根据值大小对各师进行排序，对照表 4-3 和表 4-4 等级划分表，可以得到各师协调度和协调发展度等级（结果见表 4-33）。

表 4-33　兵团各师 2012 年"三化"协调度和协调发展度排序及等级

区域	师	协调度	排序	等级	协调发展度	排序	等级
天山北坡经济带	六师	0.877	2	良好协调	0.677	2	初级协调
	七师	0.403	10	濒临失调	0.446	10	濒临失调
	八师	0.945	1	优质协调	0.768	1	中级协调
	建工师	0.300	12	失调	0.298	14	失调
	十二师	0.572	8	勉强协调	0.521	8	勉强协调
南疆经济带	一师	0.701	6	中级协调	0.612	4	初级协调
	二师	0.733	5	中级协调	0.622	3	初级协调
	三师	0.357	11	失调	0.362	11	失调
	十四师	0.451	9	濒临失调	0.471	9	濒临失调
边境经济带	四师	0.639	7	初级协调	0.552	6	勉强协调
	五师	0.202	13	失调	0.303	13	失调
	九师	0.807	3	良好协调	0.537	7	勉强协调
	十师	0.791	4	中级协调	0.588	5	勉强协调
哈密特色经济区	十三师	0.188	14	失调	0.312	12	失调

由表 4-33 数据，作出兵团各师 2012 年"三化"协调度和协调发展度直方图，见图 4-17。

由表 4-33 和图 4-17 可知，2012 年兵团所有师中十三师、五师、三师和建工师无论是协调度还是协调发展度都比较小，排名靠后，"三化"发展失调。其余十个师"三化"都协调发展，但是等级程度不同：其中"三化"发展协调程度最高的为八师，其协调度为 0.945，属于优质协调，协调发展度为 0.768，属于中级协调；其次是六师，协调度为 0.877，为良好协调，协调发展度为 0.677，属初级协调。总之，2012 年兵团 14 个师中只有个别师（如八师和六师）"三化"协调发展水平比较高，大多数师比较低，师与师之间"三化"协调发展水平差异比较大。

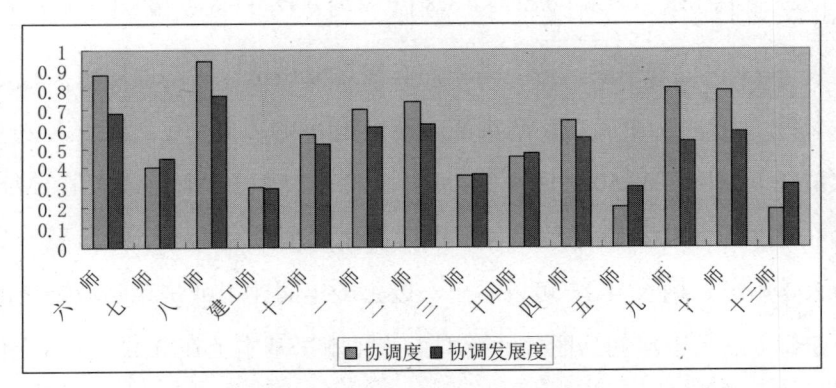

图 4-17 兵团各师 2012 年"三化"协调度和协调发展度

4. 兵团 14 个师 2003—2012 年"三化"发展水平、协调度及协调发展度分析

由表 4-27、表 4-28 和表 4-29 可以得到兵团 14 个师 2003—2012 年"三化"发展水平的基本描述统计量，结果见表 4-34。

表 4-34 兵团各师 2003—2012 年"三化"发展水平简单统计描述

系统	统计量	2003	2004	2005	2006	2007	2008	2009	2010	2011	2012
城镇化发展水平	平均值	0.363	0.386	0.390	0.382	0.396	0.406	0.389	0.391	0.393	0.394
	标准差	0.096	0.098	0.101	0.101	0.103	0.108	0.103	0.100	0.101	0.104
	最小值	0.212	0.198	0.186	0.222	0.178	0.217	0.209	0.212	0.176	0.165
	最大值	0.569	0.574	0.573	0.619	0.585	0.653	0.624	0.614	0.575	0.565
新型工业化发展水平	平均值	0.403	0.422	0.392	0.404	0.415	0.419	0.421	0.445	0.421	0.470
	标准差	0.122	0.120	0.114	0.117	0.122	0.129	0.131	0.138	0.131	0.144
	最小值	0.209	0.204	0.213	0.205	0.225	0.243	0.236	0.225	0.236	0.218
	最大值	0.620	0.625	0.584	0.600	0.659	0.702	0.707	0.718	0.707	0.733

续表

系统	统计量	2003	2004	2005	2006	2007	2008	2009	2010	2011	2012
农业现代化发展水平	平均值	0.574	0.626	0.623	0.621	0.616	0.572	0.601	0.606	0.619	0.585
	标准差	0.157	0.151	0.151	0.151	0.152	0.158	0.156	0.153	0.156	0.154
	最小值	0.264	0.327	0.324	0.322	0.314	0.260	0.269	0.289	0.261	0.283
	最大值	0.855	0.826	0.828	0.828	0.832	0.853	0.844	0.830	0.779	0.826

由表4-34可以看出来，过去十年间兵团各师城镇化平均发展水平较低，呈现倒V型分布状态，中间高、两头低，稳定在0.360～0.410之间。其中十年间的最大值在0.550至0.650之间徘徊。而且由表4-27可知，取得最大值的为八师，即八师在过去十年中一直是兵团各师中城镇化水平最高的一个师；最小值基本上在0.200附近，由表4-27可以看出，过去十年间建工师是兵团城镇化水平最低的一个师。过去十年间兵团各师新型工业化水平基本上在0.420左右变化，并呈逐渐上升的趋势。最大值在0.580～0.730之间，由表4-28可知，八师和四师在过去十年中是兵团新型工业化水平最好的师；最小值都在0.200附近，由表4-28可知，三师和五师过去十年间是兵团新型工业化水平比较落后的师。过去十年间兵团各师农业现代化平均水平稳步发展并略有降低，由最高水平的0.626略有下降，最终稳定在0.600附近。最高水平基本上都在0.800以上，由表4-29可知，十三师农业现代化水平在过去十年期间一直是兵团所有师中最高的；而最低水平在0.260～0.330之间，九师在过去十年期间一直是兵团所有师中农业现代化水平最低的。由"三化"发展水平的标准差可以看出，兵团各师之间"三化"发展程度差异较大，其中农业现代化水平差异最大，其次是新型工业化水平，最后是城镇化水平。

依据表4-27、表4-28和表4-29，按照各师所属的经济区域，可以得到兵团"三带一区""三化"发展的平均水平，结果见表4-35。

表 4-35　2003－2012 兵团各经济区"三化"发展平均水平

区域	系统	2003	2004	2005	2006	2007	2008	2009	2010	2011	2012
天山北坡经济带	X	0.372	0.383	0.384	0.397	0.389	0.413	0.398	0.396	0.381	0.379
	Y	0.406	0.447	0.393	0.412	0.450	0.476	0.476	0.504	0.550	0.488
	Z	0.571	0.612	0.608	0.607	0.602	0.565	0.606	0.606	0.598	0.578
南疆经济带	X	0.387	0.409	0.416	0.386	0.419	0.398	0.394	0.399	0.420	0.426
	Y	0.393	0.405	0.392	0.399	0.388	0.375	0.373	0.395	0.415	0.381
	Z	0.619	0.692	0.688	0.685	0.679	0.621	0.648	0.656	0.685	0.634
边境经济带	X	0.366	0.396	0.401	0.390	0.409	0.426	0.401	0.405	0.407	0.408
	Y	0.383	0.388	0.365	0.373	0.385	0.391	0.398	0.414	0.427	0.403
	Z	0.463	0.530	0.526	0.524	0.517	0.462	0.487	0.499	0.539	0.483
哈密特色经济区	X	0.212	0.263	0.274	0.256	0.293	0.322	0.279	0.283	0.289	0.291
	Y	0.514	0.500	0.499	0.503	0.465	0.429	0.436	0.467	0.470	0.440
	Z	0.855	0.826	0.828	0.828	0.832	0.853	0.844	0.830	0.779	0.826

其中：X：城镇化发展水平；Y：新型工业化发展水平；Z：农业现代化发展水平。

由表 4-35 可知，哈密特色经济区的城镇化水平比较低，天山北坡经济带、南疆经济带和边境经济带的城镇化平均水平差异不是很大。天山北坡经济带城镇化平均水平较低的原因是建工师和七师城镇化水平在兵团各师中相对比较差造成的。天山北坡经济带和哈密特色经济区新型工业化平均水平比较高。对于农业现代化发展水平来说，哈密特色经济区和南疆经济带的平均水平比较高，主要因为十三师和一师等均是兵团农业大师，农业产业化和农业机械化水平比较高所致。

根据表 4-27、表 4-28 和表 4-29，计算得到 2003－2012 年十年间兵团各师"三化"发展平均水平，并进行排序，结果见表 4-36。

依据表 4-36 所示数据，作出兵团各师 2003－2012 年"三化"发展平均水平直方图，如图 4-18 所示。

表 4-36　兵团各师 2003－2012 年"三化"发展平均水平及排序

区域	师	城镇化发展水平均值	排序	新型工业化发展水平均值	排序	农业现代化发展水平均值	排序
天山北坡经济带	六师	0.485	2	0.472	4	0.641	7
	七师	0.323	11	0.406	8	0.726	3
	八师	0.595	1	0.659	1	0.632	9
	建工师	0.198	14	0.354	11	0.337	13
	十二师	0.345	10	0.412	7	0.640	8
	区域平均	0.389	--	0.461	--	0.595	--
南疆经济带	一师	0.412	6	0.493	3	0.697	4
	二师	0.450	5	0.443	6	0.689	5
	三师	0.303	12	0.252	13	0.602	10
	十四师	0.457	4	0.379	10	0.654	6
	区域平均	0.406	--	0.392	--	0.661	--
边境经济带	四师	0.363	9	0.625	2	0.450	12
	五师	0.381	8	0.226	14	0.743	2
	九师	0.394	7	0.397	9	0.300	14
	十师	0.466	3	0.322	12	0.520	11
	区域平均	0.401	--	0.393	--	0.503	--
哈密特色经济区	十三师	0.276	13	0.472	4	0.830	1
	区域平均	0.276	--	0.472	--	0.830	--

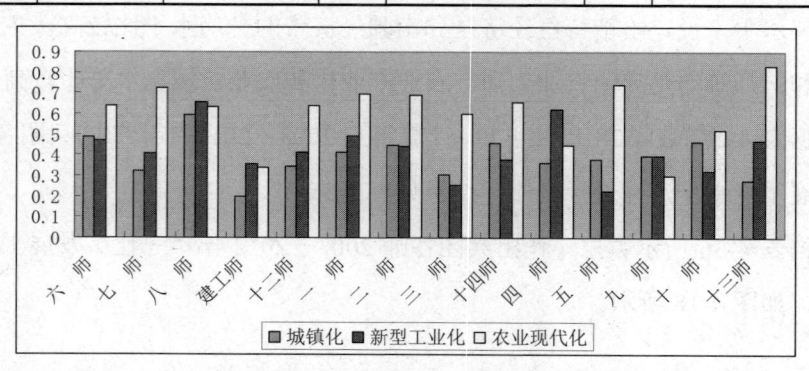

图 4-18　兵团各师 2003－2012 年"三化"发展平均水平直方图

由表 4-36 与图 4-18 可知，就城镇化来说，过去十年间兵团各师平均水平不是很高。其中八师的城镇化水平最高，平均值为 0.595；六师排名第二，平均值为 0.485；十师排名第三，平均值为 0.466。而建工师平均值为 0.198，排名最后；十三师平均水平为 0.276，排名倒数第二；三师平均水平为 0.303，排名倒数第三。就新型工业化来说，过去十年间兵团各师平均水平较低。其中八师新型工业化水平最高，平均值为 0.659；其次是四师，平均值为 0.625；再次是一师，平均水平为 0.493。五师、三师和十师新型工业化水平最低，平均值分别为 0.226、0.252 和 0.322。就农业现代化水平来说，过去十年间兵团各师平均水平比较高。其中十三师、五师和七师排名三甲，平均值都在 0.700 以上，十三师更是达到了 0.830。

由表 4-30 和表 4-31 可以得到兵团 14 个师 2003—2012 年"三化"协调度与协调发展度的基本描述统计量，结果见表 4-37。

表 4-37　兵团各师 2003—2012 年"三化"协调度与协调发展度简单统计描述

指标	统计量	2003	2004	2005	2006	2007	2008	2009	2010	2011	2012
协调度	平均值	0.563	0.548	0.522	0.536	0.552	0.594	0.554	0.575	0.555	0.569
	标准差	0.278	0.277	0.276	0.282	0.261	0.242	0.259	0.272	0.276	0.253
	最小值	0.067	0.076	0.090	0.077	0.113	0.198	0.154	0.115	0.116	0.188
	最大值	0.996	0.977	0.973	0.990	0.978	0.956	0.974	0.962	0.957	0.945
协调发展度	平均值	0.479	0.491	0.475	0.479	0.496	0.515	0.495	0.509	0.509	0.505
	标准差	0.163	0.163	0.158	0.161	0.154	0.143	0.154	0.161	0.164	0.147
	最小值	0.187	0.185	0.201	0.185	0.227	0.300	0.268	0.228	0.228	0.298
	最大值	0.765	0.776	0.761	0.781	0.783	0.788	0.801	0.797	0.774	0.768

由表 4-37 可知，兵团 14 个师过去十年间"三化"协调度平均水平为 0.500～0.600 之间，属于勉强协调等级。五师和十三师"三化"协调度在十年中交替最小，最小值都小于 0.200，这两个师在过去十年中"三化"发展一直处于失调状态。2003—2012 年"三化"协调度最大值接近于 1，属于优质协调，由表 4-30 可知，十年

中的最大值一直是八师，说明八师"三化"协调度一直很高。"三化"协调发展度平均水平在 0.500 左右，属于濒临失调和勉强协调等级。这也是五师或十三师在过去十年间达到的最小值，由表 4-31 可知，两个师的"三化"协调发展度都小于 0.350，属于失调状态。由表 4-31 和表 4-36 可知，2003－2012 年十年间八师的"三化"协调发展度一直是兵团所有师中最大的，都在 0.700 以上，属于中级协调等级。十年间不论协调度还是协调发展度的最大值和最小值之间都差异很大，说明兵团各师之间"三化"协调发展水平差异较大。

将表 4-30 和表 4-31 按照"三带一区"整理，可以得到兵团各经济区"三化"协调度和协调发展度的平均值，结果见表 4-38。

表 4-38　兵团各经济区 2003－2012 年"三化"协调度和协调发展度平均水平

指标	区域	2003	2004	2005	2006	2007	2008	2009	2010	2011	2012
协调度	A	0.666	0.628	0.582	0.639	0.622	0.702	0.650	0.665	0.589	0.619
	B	0.612	0.536	0.531	0.508	0.528	0.576	0.516	0.549	0.527	0.561
	C	0.511	0.561	0.526	0.535	0.576	0.574	0.573	0.587	0.621	0.610
	D	0.067	0.153	0.171	0.140	0.195	0.210	0.154	0.179	0.236	0.188
协调发展度	A	0.536	0.540	0.507	0.536	0.541	0.579	0.560	0.571	0.543	0.542
	B	0.532	0.511	0.509	0.494	0.507	0.514	0.489	0.510	0.514	0.517
	C	0.429	0.462	0.443	0.446	0.474	0.480	0.474	0.480	0.504	0.495
	D	0.187	0.285	0.302	0.272	0.321	0.335	0.283	0.307	0.348	0.312

其中：A：天山北坡经济带；B：南疆经济带；C：边境经济带；D：哈密特色经济区。

由表 4-38 可知，2003－2012 年间不论从协调度指标还是协调发展度平均水平来看，兵团四大经济区中天山北坡经济带"三化"协调发展水平最高，哈密特色经济区"三化"协调发展水平最低。

由表 4-30 和表 4-31，计算得到 2003－2012 年十年间兵团各师"三化"协调度和协调发展度平均水平，并进行排序，结果见表 4-39。

表 4-39 兵团各师 2003—2012 年 "三化" 发展协调度和协调发展度平均水平及排序

区域	师	协调度平均值	排序	等级	协调发展度平均值	排序	等级
天山北坡经济带	六师	0.828	3	良好协调	0.664	2	初级协调
	七师	0.332	11	失调	0.399	10	失调
	八师	0.967	1	优质协调	0.779	1	中级协调
	建工师	0.538	9	勉强协调	0.395	11	失调
	十二师	0.517	10	勉强协调	0.491	9	濒临失调
	区域平均	0.636	--	初级协调	0.546	--	勉强协调
南疆经济带	一师	0.643	6	初级协调	0.585	4	勉强协调
	二师	0.667	5	初级协调	0.592	3	勉强协调
	三师	0.268	12	失调	0.319	12	失调
	十四师	0.599	8	勉强协调	0.543	7	勉强协调
	区域平均	0.544	--	勉强协调	0.510	--	勉强协调
边境经济带	四师	0.629	7	初级协调	0.548	6	勉强协调
	五师	0.124	14	失调	0.233	14	失调
	九师	0.839	2	良好协调	0.552	5	勉强协调
	十师	0.677	4	初级协调	0.540	8	勉强协调
	区域平均	0.567	--	勉强协调	0.468	--	濒临失调
哈密特色经济区	十三师	0.169	13	失调	0.295	13	失调
	区域平均	0.169	--	失调	0.295	--	失调

依据表 4-39 数据，作出兵团各师 2003—2012 年 "三化" 协调度和协调发展度平均水平直方图，如图 4-19 所示。

由表 4-39 和图 4-19 可知，2003—2012 年十年间，八师 "三化" 协调发展程度最高，协调度平均水平为 0.967，属优质协调；协调发展度平均水平为 0.779，属中级协调，两者均为十四个师中排名第一。六师 "三化" 协调发展程度也很高，协调度平均水平为 0.828，属良好协调，兵团排名第三；协调发展度平均水平为 0.664，属于初级协调，全兵团排名第二。五师协调度平均水平为 0.124，协调发展度平均水平为 0.233，均为全兵团最小，属失调状态，其"三化"协调发展水平全兵团最差。十三师协调度平均水平为 0.169，协调发展度平均水平为 0.295，均为全兵团倒数第二，属失调状态，其"三化"协调发展水平也比较差。另外三师和七师协调度和协调发展度指标在过去十年中的平均水平也较小，均属失调状态。

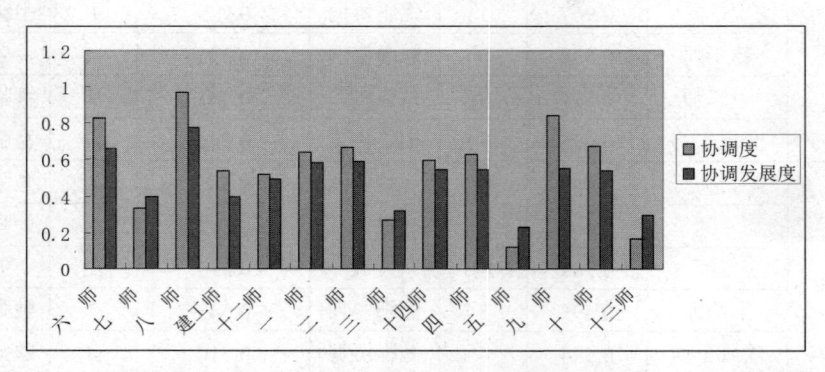

图 4-19　兵团各师 2003—2012 年"三化"协调度和协调发展度平均水平直方图

（三）基于 GM(1,n) 模型的"三化"协调发展影响因素分析

1. 兵团"三化"协调发展的 GM(1,n) 动态模型

以表 4-15 所示兵团"三化"协调发展度为系统"三化"协调发展特征数据序列，以表 4-6 所示兵团城镇化发展水平、新型工业化发展水平和农业现代化发展水平为相关因素序列，应用 GMS6.0 软件可以得到兵团"三化"协调发展的 GM(1,n) 动态模型：

兵团：$d^{(0)}(q) + 1.796 u^{(1)}(q) = 1.312 y_1^{(1)}(q) - 0.452 y_2^{(1)}(q) + 1.562 y_3^{(1)}(q)$

由模型可知，兵团"三化"协调发展自身发展指数为 1.796，说明兵团在城镇化、新型工业化和农业现代化互动影响下，"三化"协调发展指数正向提高，协调发展能力比较强。而城镇化、新型工业化和农业现代化三个子系统驱动系数分别为 1.312、-0.452 和 1.562，即兵团"三化"协调发展中农业现代化起主要的驱动作用，城镇化驱动力度落后于农业现代化，而新型工业化驱动系数为负值，是兵团"三化"协调发展的制约因素。

2. 天山北坡经济带五个师"三化"协调发展的 GM(1,n) 动态模型

以表 4-18 所示天山北坡经济带五个师"三化"协调发展度为各自系统"三化"协调发展特征数据序列，以表 4-8 所示天山北坡经济带各师城镇化发展水平、新型工业化发展水平和农业现代化发展水平为相关因素序列，应用 GMS6.0 软件可以得到天山北坡经济带五个师"三化"协调发展的 GM(1,n)动态模型：

六师：$d^{(0)}(q)+1.697u^{(1)}(q)=0.407y_1^{(1)}(q)-0.204y_2^{(1)}(q)+1.849y_3^{(1)}(q)$

七师：$d^{(0)}(q)+1.579u^{(1)}(q)=1.899y_1^{(1)}(q)+0.285y_2^{(1)}(q)+0.096y_3^{(1)}(q)$

八师：$d^{(0)}(q)+1.372u^{(1)}(q)=2.464y_1^{(1)}(q)-0.607y_2^{(1)}(q)+0.434y_3^{(1)}(q)$

建工师：$d^{(0)}(q)+1.809u^{(1)}(q)=2.706y_1^{(1)}(q)-0.221y_2^{(1)}(q)+0.272y_3^{(1)}(q)$

十二师：$d^{(0)}(q)+2.088u^{(1)}(q)=2.821y_1^{(1)}(q)+0.024y_2^{(1)}(q)+0.112y_3^{(1)}(q)$

由模型可知：六师、七师、八师、建工师和十二师的"三化"协调发展自身发展指数分别为：1.697、1.579、1.372、1.809 和 2.088，即在城镇化、新型工业化和农业现代化互相作用下，天山北坡经济带五个师"三化"协调发展指数呈现上升趋势，其中十二师协调发展能力最强，随后依次为建工师、六师和七师，八师最差。六师"三化"协调发展中起主要驱动作用的是农业现代化，驱动系数为1.849；城镇化对"三化"协调发展的影响远远小于农业现代化，驱动系数仅为0.407；新型工业化驱动系数为-0.204，为六师"三化"协调发展的主要制约因素。七师"三化"协调发展主要由城镇化决定，驱动系数为1.899；新型工业化滞后于城镇化，驱动系数为0.285；农业现代化对七师"三化"协调发展影响最小，驱动系数仅仅为0.096。八师、建工师和十二师"三化"协调发展的主要动力都为城镇化，驱动系数分别为2.464、2.706 和2.821；其次影响因素为农业现代化，驱动系数分别为0.434、0.272 和0.112；且八师和建工师新型工业化对"三化"协调发展的驱动系数为负值，表明对于这两个师来说，新型工业化是"三化"协调发展的

制约力量。

3. 南疆经济带四个师"三化"协调发展的 GM(1,n) 动态模型

以表 4-21 所示南疆经济带四个师"三化"协调发展度为各自系统"三化"协调发展特征数据序列，以表 4-10 所示南疆经济带各师城镇化发展水平、新型工业化发展水平和农业现代化发展水平为相关因素序列，应用 GMS6.0 软件可以得到南疆经济带四个师"三化"协调发展的 GM(1,n)动态模型：

一师：$d^{(0)}(q) + 2.226u^{(1)}(q) = 2.844y_1^{(1)}(q) - 0.101y_2^{(1)}(q) + 0.252y_3^{(1)}(q)$

二师：$d^{(0)}(q) + 2.079u^{(1)}(q) = 2.300y_1^{(1)}(q) + 0.547y_2^{(1)}(q) - 0.027y_3^{(1)}(q)$

三师：$d^{(0)}(q) + 3.334u^{(1)}(q) = 0.637y_1^{(1)}(q) + 1.307y_2^{(1)}(q) + 1.932y_3^{(1)}(q)$

十四师：$d^{(0)}(q) + 1.163u^{(1)}(q) = 1.407y_1^{(1)}(q) - 0.122y_2^{(1)}(q) + 0.367y_3^{(1)}(q)$

由模型可知：一师、二师、三师和十四师的"三化"协调发展自身发展指数分别为：2.226、2.079、3.334 和 1.163，即在城镇化、新型工业化和农业现代化互相影响下，南疆经济带四个师"三化"协调发展指数正向提升。其中三师协调发展能力最强，其次为一师，第三为二师，十四师最后。一师和十四师"三化"协调发展的主要动力来自于城镇化，其驱动系数分别为 2.844 和 1.407；农业现代化对于这两个师来说所起的作用小于城镇化，驱动系数分别为 0.252 和 0.367；而新型工业化是这两个师"三化"协调发展的主要制约因素，驱动系数分别为-0.101 和-0.122。二师"三化"协调发展的主要驱动力为城镇化，驱动系数为 2.300；其次是新型工业化，驱动系数为 0.547；农业现代化的驱动系数为负值，对于"三化"协调发展起到阻碍作用。三师"三化"协调发展的主要因素为农业现代化，驱动指数为 1.932；新型工业化对其协调发展影响也比较大，驱动系数为 1.307；影响最小的是城镇化，驱动系数为 0.637。

4. 边境经济带四个师"三化"协调发展的 GM(1,n) 动态模型

以表 4-24 所示边境经济带四个师"三化"协调发展度为各自系统"三化"协

调发展特征数据序列，以表 4-12 所示边境经济带各师城镇化发展水平、新型工业化发展水平和农业现代化发展水平为相关因素序列，应用 GMS6.0 软件可以得到边境经济带四个师"三化"协调发展的 GM(1,n)动态模型：

四师：$d^{(0)}(q)+3.080u^{(1)}(q)=1.003y_1^{(1)}(q)+2.062y_2^{(1)}(q)+0.699y_3^{(1)}(q)$

五师：$d^{(0)}(q)+2.286u^{(1)}(q)=3.526y_1^{(1)}(q)+0.283y_2^{(1)}(q)-0.452y_3^{(1)}(q)$

九师：$d^{(0)}(q)+0.781u^{(1)}(q)=2.975y_1^{(1)}(q)-0.962y_2^{(1)}(q)-0.198y_3^{(1)}(q)$

十师：$d^{(0)}(q)+2.081u^{(1)}(k)=2.157y_1^{(1)}(q)+0.140y_2^{(1)}(q)+0.508y_3^{(1)}(q)$

由模型可知，四师、五师、九师和十师的"三化"协调发展自身发展指数分别为：3.080、2.286、0.781 和 2.081，即在城镇化、新型工业化和农业现代化互动作用下，边境经济带四个师"三化"协调发展指数正向上升，其中四师协调发展能力最强，其次为五师，第三为十师，九师最弱。四师"三化"协调发展的主要驱动力为新型工业化，驱动指数为 2.062；城镇化落后于新型工业化，驱动指数为 1.003；农业现代化则更小，驱动指数为 0.699。五师"三化"协调发展的主要推力为城镇化，驱动系数为 3.526；其次为新型工业化，驱动系数为 0.283；农业现代化的驱动系数为负数，对"三化"协调发展起制约作用。九师"三化"协调发展的主要因素为城镇化，驱动系数为 2.975；新型工业化和农业现代化的驱动系数都为负数，对"三化"协调发展起制约作用，而新型工业化的阻碍作用更大。

5. 哈密特色经济区"三化"协调发展的 GM(1,n) 动态模型

以表 4-25 所示十三师"三化"协调发展度为系统"三化"协调发展特征数据序列，以表 4-14 所示十三师城镇化发展水平、新型工业化发展水平和农业现代化发展水平为相关因素序列，应用 GMS6.0 软件可以得到十三师"三化"协调发展的 GM(1,n)动态模型：

十三师：$d^{(0)}(q)+1.468u^{(1)}(q)=1.680y_1^{(1)}(q)-0.255y_2^{(1)}(q)+0.694y_3^{(1)}(q)$

由模型可知，十三师"三化"协调发展自身发展指数为 1.468，说明十三师在

城镇化、新型工业化和农业现代化互动作用下,三化协调发展指数正向提高。而其三化协调发展的主要影响因素为城镇化,驱动系数为1.680;农业现代化驱动力度小于城镇化,驱动指数为0.694;新型工业化驱动系数为负数,对其"三化"协调发展起制约作用。

从兵团14个师总体情况来看,各师"三化"协调发展自身发展指数都为正数,三化协调发展能力都正向提升,三师和四师自身发展指数都大于3,协调发展能力很强;五师、一师、十二师、十师和二师自身发展指数都大于2,协调发展能力比较强;建工师、六师、七师、十三师、八师和十四师自身发展指数都大于1,协调发展能力一般;九师自身发展指数在兵团14个师中倒数第一,协调发展能力最差。兵团14个师"三化"协调发展主要驱动作用以城镇化为主,有七师、八师、建工师、十二师、一师、二师、十四师、五师、九师、十师和十三师,总共11个师。而所有师城镇化的驱动系数都为正,说明城镇化对"三化"协调发展起促进作用。

六师和三师"三化"协调发展主要驱动作用为农业现代化,四师"三化"协调发展主要驱动作用为新型工业化。新型工业化驱动指数为负值的有六师、八师、建工师、一师、十四师、九师和十三师,说明新型工业化是这7个师"三化"协调发展的制约因素,而对于其他7个师来说,新型工业化推动了"三化"协调发展能力。二师、五师和九师农业现代化驱动指数为负数,说明农业现代化是这3个师"三化"协调发展的制约因素,对于占绝大多数的其他11个师来说,农业现代化进程推动了其"三化"协调发展能力。

(四)兵团"三化"协调发展研究结论

1. 兵团"三化"协调发展水平的时序特征

(1)兵团城镇化发展水平、新型工业化发展水平和农业现代化发展水平在过去十年有不小的提升,但整体水平不是很高。2008年以前农业现代化在兵团"三化"发展中居于主导地位;新型工业化发展水平在一段时间内比较滞后,但发展快速，最终成为兵团"三化"发展的主要推动力；随着兵团经济的发展，城镇化最终成为兵团"三化"发展的主要制约因素。

（2）兵团各师城镇化发展水平、新型工业化发展水平和农业现代化发展水平在过去十年有不同幅度的提高，但各师的整体水平比较低。其中新型工业化水平在过去十年中均得到了长足的发展和快速的提升，最终由"三化"协调发展的制约因素变为主要推动力量。除一师和二师外，兵团其他师在过去十年中城镇化、农业现代化和新型工业化依次起主导作用，引导各师"三化"发展。随着兵团各师经济的发展，新型工业化水平的快速提高，农业现代化水平的稳步提升，城镇化最终成为各师"三化"协调发展的滞后因素。

（3）过去十年兵团"三化"综合发展水平总体呈线性上升趋势，但绝大多数年份处于中低发展水平。兵团各师"三化"综合发展水平整体上也呈上升趋势，但是各师增加幅度有所不同，各师"三化"综合发展水平基本上都处于中低水平。

（4）就协调度和协调发展度两个指标来说，兵团在过去十年中呈现波动上升的趋势，发展态势良好。但是，兵团"三化"协调发展程度整体水平不是很高，协调度指标达到优质协调等级的年份只有一年，协调发展度指标都是中度协调等级以下，绝大多数年份兵团"三化"发展为较低层次的协调，甚至不协调。

（5）兵团各师在过去十年中"三化"发展协调水平整体上在逐渐改善，但是质量不是很高，各师之间也有差异。在"三化"发展协调的年份里，各师协调度指标达到比较高等级的年份很少，协调发展度指标都是中度协调以下等级，较低层次的协调关系在过去十年中占了绝大多数年份。14个师都存在"三化"失调的年份，而且个别师十年中甚至有三年"三化"发展处于失调状态。

2. 兵团"三化"协调发展水平的空间特征

（1）2012年兵团各师城镇化和新型工业化均处于较低水平，农业现代化处于中等水平，并且各师之间差异很大。位于天山北坡经济带的八师城镇化和新型工业化水平居于兵团第一,六师也处于兵团 14 个师的前列;位于南疆经济带的三师,其城镇化和新型工业化水平在全兵团都比较差;位于哈密特色经济区的十三师农业现代化水平在全兵团最高。

(2) 无论是协调度还是协调发展度,2012 年兵团大多数师"三化"发展都较协调,但是等级程度有所不同。除八师和六师"三化"协调程度较高外,其他师均比较低,而且师与师之间"三化"协调发展水平差异比较大。四大经济区均有"三化"发展失调的师,分别是建工师、三师、五师和十三师。

(3) 过去十年兵团各师城镇化水平和新型工业化水平不是很高,农业现代化水平相对较高,而且各师之间呈现两级分化。八师在 2003—2012 年期间一直是兵团城镇化和新型工业化水平最高的师;十三师在过去十年期间一直是兵团农业现代化水平最高的师。

(4) 过去十年间,不管是协调度还是协调发展度指标,兵团 14 个师中"三化"发展除八师最高,六师较高外,其余师"三化"协调等级都比较低,甚至有些师"三化"发展失调,即各师之间"三化"协调发展水平严重两级分化。兵团四大经济区中天山北坡经济带"三化"协调发展水平最高,哈密特色经济区"三化"协调发展水平最低。

3. 兵团"三化"协调发展影响因素

(1) 就兵团整体来说,"三化"协调发展中农业现代化起主要推动作用,其次是城镇化,而新型工业化是兵团"三化"协调发展的制约因素。

(2) 就兵团各师来说,十四个师"三化"协调发展能力都正向提升,新型工业化为主要推动力的为四师;农业现代化为主要因素的有两个师,分别是六师和三师;其余 11 个师均是城镇化为主要驱动作用。新型工业化影响是六师、八师、建工师、一师、十四师、九师和十三师"三化"协调发展的制约因素;农业现代化影响是二师、五师和九师"三化"协调发展的制约因素。

第五部分 "三化"建设的案例分析

案例分析一 八师石河子市"三化"建设典型性分析

一、八师石河子市概况

八师地处天山北麓中段、准噶尔盆地南缘，区域总面积 7762 平方公里，耕地面积 296 万亩，总人口 63.16 万人，其中少数民族占 6.1%，人口和经济总量均占新疆兵团的四分之一左右，辖 1 市、1 镇、1 乡、14 个团场。石河子市是兵团直辖的一个县级行政单位，是八师实行"师市合一"管理体制的一个新兴城市，位于八师辖区中部，南倚天山、东以玛纳斯河为界与玛纳斯县为邻，南、北、西三面与沙湾县环接，行政区域面积 460 平方公里，建成区面积 54 平方公里，辖 1 团、1 乡、1 镇、5 个街道办事处，2 个管理委员会，人口 34.44 万人，是八师政治、经济中心。

1950 年 2 月，王震将军率中国人民解放军挺进石河子，拉动了"军垦第一犁"，开始在石河子开垦建城；1953 年以后成为兵团农八师的垦区中心，也是新疆解放后在万亩荒原上军垦建设最早、规模最大的城市；1971 年正式设立石河子市，为自治区直辖市。当时石河子地区辖石河子市、沙湾县、玛纳斯县、农八师以及农七师部分团场共 18 个农牧团场，之后石河子地区撤消，保留石河子市；1981 年 12 月，恢复兵团建制，农八师管辖垦区全部农牧团场和石河子的大部分工矿企业，师部驻石河子市，直至 1985 年 6 月，正式成立市人民政府。农八师和石河子市是一个党委领导，分设领导班子，部门实行"一套机构两块牌子"的体制。石河子市随着建市以来的发展已形成以农场为依托、工业为主导、工农结合、城乡结合、农工商一体化的军垦城市，先后获得联合国"改善人类居住环境良好范例城市"迪拜奖、首届"中国人居环境奖""国家园林城市""国家森林城市""全国绿化模范城市""全国科技进步示范市""全国科普示范市""中国优秀旅游城市""全国和谐社区建设示范市""中国城市化进程活力城市""中国棉纺织名城"等称号，连续五次获得"全国双拥模范城"称号，两次获得"全国创建文明城市工作先进城市"称号，被国家列为"循环经济试点城市""全国创新型试点城市""国家服务业综合改革试点城市"。

二、八师石河子市工业发展的历史和现状

（一）工业发展的历史

在石河子市成立初期，就确立了工业在自治区经济发展中的重要地位，创办了八一棉纺织厂、八一毛纺织厂、八一糖厂等现代工厂，引领了新疆现代工业的起跑，石河子市的工业进入第一个快速发展时期。到 20 世纪 60 年代中期，石河子市已新建和扩建棉纺、毛纺、制糖、造纸、化工、煤炭和电力等工厂 19 座，形成以轻纺为主的工业体系，工业生产初具规模，工业品种达到上百种。"八五"期间，八师石河子市新增工厂 122 家，共拥有工厂 285 家，总资产达 5.59 亿元人民币，分别占兵团与八师石河子市工农业总产值的 34.7%和 37.71%，达到历史最高水平，形成了以农产品粗加工和轻纺工业为主的工业结构。"九五"期间，八师石河子市的工业发展趋缓，工业总产值由 1995 年的 23.14 亿元人民币增至 2000 年的 33.22 亿元人民币，年均增长 7.1%，"九五"后期，氯碱化工和节水器材产业得到快速发展。"十五"期间，随着我国加入世界贸易组织，自治区党委做出了"优

先发展天山北坡经济带"、兵团党委做出了"做大石河子垦区"的战略决策。八师石河子市党委实施了"43411"工程，经济增长亮点增多。2001－2005 年，石河子开发区已成为新疆吸引外部资金的主要区域之一，实现协议招商引资项目金额 64.9 亿元，是开发区建区前八年总和的 8 倍。相继引进了台湾顶新国际集团康师傅方便食品、杭州娃哈哈饮料、江苏雨润低温肉、贵航集团采棉机、弘生无梭宽幅织布、雄峰棉纺织、华芳纺织有限公司、兵地天元乳业等一批投资规模大、产业联动强、知名度高的企业落户开发区。纺织、塑化、节水、食品、造纸，包括能源基础产业得到发展壮大，产业集聚效应初步显现，以非国有资本为主的投资主体多元化格局逐步形成。一些主导产业如节水器材、氯碱化工产品、棉纱、棉布、机制纸、番茄制品、方便食品、白酒等产量连续多年位居新疆前列。化工、纺织、食品、电力、建材、农业机械装备六大支柱产业格局已基本形成，产业结构进一步优化。以高技术、先进工艺等技术密集型为特征的产业将逐步成为八师石河子市工业的主体，工业部门结构整体上处于向优化方向转换的起飞阶段。这五年，八师石河子市工业增速达 10.4%，有力拉动了师市 GDP 以年均 10.7%的增速快速发展，工业化已进入到中期起飞阶段，工业化进程明显加快，是历史上发展最快、最好的时期之一。"十一五"期间，八师石河子市克服国际金融危机等多种影响，积极推进新型工业化发展、科技强工战略、优势资源转换战略、外向带动战略和可持续发展战略的全面实施，打造"一区两园"、建设两个基地、发展六大支柱产业成果显著。2010 年，八师石河子市工业增加值实现 60.1 亿元，年均增长 19.8%，占八师石河子市 GDP 比重由"十五"末期的 27%提高到 32%。其中，轻、重工业产值年均增长 24.6%、24.2%。"十一五"期间工业累计投资完成 254 亿元，比"十五"期间增加 2.8 倍，其中轻、重工业投资比重达到 1:2.5。该期间化工、纺织、食品、能源、建材和农业机械制造等产业发展迅猛，大企业大集团快速发展，园区作用显著提高，八师石河子市规模以上工业企业增加 75 家，达到

139 家。石河子经济技术开发区列入国家加工贸易梯度转移重点承接地、国家新型工业化产业示范基地。这五年，八师石河子市抢抓东部产业转移机遇，突出产业关联度，引进辐射带动力强的龙头项目，实现工业招商引资到位资金 188.8 亿元，是"十五"时期的 2.4 倍。江苏华芳、沙特阿吉兰等一批著名品牌产品先后落户石河子市区。前沿科技成果转化加快，国家级创新型企业、省级企业技术中心的科研项目达 163 项，开发国家重点新产品 16 个，创立国家名牌产品 1 个，中国驰名商标 1 件，新增新疆名牌产品 16 个，达到 24 个。与此同时，以番茄、酿酒葡萄加工为主的"红色产业"和以纺织为主的"白色产业"成为团场工业的重要支柱。2010 年，团场工业完成增加值 10.56 亿元，年均增长 31.1%，占师市工业比重由 2005 年的 11.7%上升到 17.6%。

（二）工业发展的现状

"十二五"以来，八师石河子市坚持抓住西部大开发的机遇、自治区党委实施优势资源转换战略和优先发展天山北坡经济带、兵团党委集中力量做大石河子垦区的历史性机遇，在推进新型工业化方面进行了积极探索，取得了显著成就，主要体现在园区建设、支柱产业及节能降耗等方面。

1. 工业园区建设

工业园区已成为八师石河子市经济快速发展的重要力量。近年来，八师石河子市按照"工业园区化、园区产业化、产业集聚化"的要求，充分发挥城镇工业园区的资源优势，将团场工业项目向石河子总场和 143 团工业园区集中，工业园区聚集效应显著。截止 2012 年，八师石河子市拥有国家级经济技术开发区 1 个（石河子经济技术开发区）、自治区级工业园区 2 个（北工业园区、温州工业园区）、兵团级工业园区 2 个（西工业园区、化工新材料园区）、自治区级乡镇企业工业园区 1 个（石河子北泉镇乡镇企业工业园区）和师市级园区 2 个（143 团花园镇工业园区和八师团场工业园区），园区规划面积发展到约 98.77 平方公里，累计开发面积已达到 27.32 平方公里。各类园区聚集工业企业 755 户，其中外资企业 23 户。2012 年，实现工业总产值 440 亿元，同比增长 32.9%；实现工业增加值 83.6 亿元，占八师石河子市工业增加值的比重达 88%；工业投资 118.5 亿元，占师市当年投资额 75.9%；工业实现利税 31 亿元，对师市经济增长的贡献率达到 41.4% 以上。"十二五"以来，开发区投资总额达到 265 亿元，两年来实现招商引资到位资金 227 亿元，完成工业固定资产投资 234.5 亿元，占师市工业固定资产投资的 80.2%。

2. 支柱产业的支撑作用显著增强

近年来，八师石河子市化工、纺织、食品、能源、建材和农业机械制造等产业发展迅猛。截止 2012 年，有 31 个工业行业大类，主要工业产品达 21 类 49 个，17 个行业产值保持增长，15 个行业产值保持两位数增长。规模以上工业企业 113 户，工业企业从业人员达到 5 万人以上。产业带动作用不断增强，新材料产业新增年产 5000 吨多晶硅和 36 万平方米电极箔生产能力；能源行业新增装机 163 万千瓦，新增煤炭产能 37 万吨；食品行业新增食品加工能力 31.1 万吨。2012 年电力产业和新材料产业高速发展，能源行业增加值完成 30.4 亿元，增长 26.8%；化工行业完成 26 亿元，增长 1.8%；新材料产业完成 12.5 亿元，增长 10.9 倍；纺织行业完成 9.2 亿元，增长 18.3%；食品行业完成 8 亿元，增长 15.3%；建材行业完成 6 亿元，增长 15.4%；机械行业完成 0.7 亿元，增长 2.9%。支柱产业中新增产值 1 亿元以上的企业 7 家，总数达 43 家；新增产值 5 亿元以上的企业 4 家，总数达 12 家。

3. 重点行业节能降耗成效显著

"十二五"以来，八师石河子市坚持开展"抓投资、强管理、降成本、促节能、增效益"活动，有力地促进企业成本控制，提高了节能降耗水平。2011-2012年，两年累计完成节能量 22.5 万吨标准煤。规模以上工业企业产值单耗下降 7.66%，纳入自治区监控的 17 家重点用能企业实现节能量 13.6 万吨标准煤。电力企业度电煤耗下降10%，节约成本约1.3亿元。纺织企业吨纱成本下降约2000元；电石企业吨电石消耗石灰石下降约30千克，年内降低生产成本1750万元。2012年，纺织本色棉纱吨纱耗电量下降52.2%，棉纱色纺纤维吨纱耗电量下降16.7%，棉坯布万米用电量下降26.9%。多晶硅、工业硅、电解铝等产品总成本均大幅低于市场售价。八师石河市还积极推动工业企业加快落后产能的淘汰，两年来，现场拆解或退出了一批轻纺产业落后产能。

三、石河子市"三化"建设的经验

从以上"三化"建设的历史和现状，可以发现八师石河子市的工业一直作为长期动力而存在，起着主导作用，是城镇化发展的基本动力，推动了城镇化的发展；工业化的发展，加快了农业现代化的发展步伐；城镇化促进了农业现代化的发展。

（一）新型工业化与城镇化

1. 新型工业化推动了城镇化的发展

石河子工业园区经过近十年的建设与发展，从小到大，从少到多，从"一点开花"到全面推进，成为八师石河子市重要的经济增长级，成为培育产业集聚、发挥产业集群效应的重要平台。园区化工、食品、纺织、能源、高新技术新材料产业的生产能力突显，大化工、大纺织、大食品、大能源的产业集群格局趋于成型，工业园区集聚度已达90%。一批具有市场竞争优势的知名企业落户石河子。名优产品的市场份额明显提高，聚集了合盛、天盛、华芳、康师傅、旺旺、伊犁、娃哈哈、今麦郎、雨润、燕京等一大批起点高、带动力强的加工龙头企业，走出了一条外向带动、产业集聚效应逐步显现的新型工业化道路。工业园区的发展构筑了城镇化的产业基础，并带动相关产业的发展，提供了大量社会就业岗位，吸纳了大量城镇下岗职工就业和农村富余劳动力就业，促进了劳动力转移，从而为城镇的发展和壮大提供了充足的人力保障,加快了城市人口集聚和城市化步伐。园区已成为城市的新功能区,有力地促进了城镇化的快速发展,推动了城镇基础设施的完善,为城镇的发展提供了连绵不断的发展动力。这可从下述得以说明:截至 2012 年八师石河子市的城市道路建设累计投入资金 5.54 亿元,先后完成了 22 公里机动车道和 15 公里非机动车道的城市道路新建、改建工程,道路总里程达到了 98 公里,人均道路面积达 20.75 平方米。城区集中供热普及率达到 95%,自来水普及率及水质合格率达到 100%,燃气普及率达到 98%以上,其中管道燃气 95.3%,污水处理率 56.8%,生活垃圾集中处理率达到 100%。近几年来城市公交新增线路 12 条,延长线路 18 条。城区绿化覆盖率达到 40%,人均公共绿地 10.8 平方米。天业化工城、南热电厂扩建、二期铁路专用线、石河子支线机场迁建、南北大通道、规划展示馆、城市线缆入地等重点工程及老年文化活动中心、青少年科技馆、图书馆、福利中心、社区服务中心、社区卫生服务站、城市公园(东公园)、天业生态园等项目的建设,使八师石河子市城镇化进程步入快车道。与此同时,团场小城镇基础设施建设力度不断加大,各团场累计投资 9.12 亿元,大力建设城镇道路、集中供热、供水、污水处理、垃圾处理、环卫、园林绿化等配套设施,逐步提升了城镇综合服务功能和承载力。2009—2012 年,团场城镇建设集中供热锅炉房 6285 平方米,新建、改造供热管网 107.1 公里,总投资 2.53 亿元;新建给、排水管网 138 公里,总投资 1.74 亿元;累计完成团场学校抗震加固,新建校舍、医院、幼儿园、教师周转房、福利院、活动中心等社会事业类及公共服务类建设项目 202 个,建设面积 39.15 万平方米,总投资 4.85 亿元。截止 2012 年底,团场自来水普及率达到 99.75%,集中供热普及率达到 80.75%,污水及生活垃圾集中处理率达到 70.85%。另外,2009—2012 年八师累计投放保障性住房建设资金 62.44 亿元,共新建、改造住房面积 416.3 万平方米,解决了 55506 户职工家庭住房问题。人均住房面积从 25 平方米提高到 2012 年末的 34 平方米,城镇职工住房条件得到极大改善。在新型工业化的推动下,八师石河子市正形成石河子市区域性中心城市、团场中心镇、重点镇、一般城镇、中心连队居住区的城镇框架格局。

2. 城镇化促进了新型工业化的发展

伴随着八师石河子市城镇规模的不断扩大,其城镇化进程给工业发展提供了更多的市场机会,特别为中小企业发展提供必要的劳动力、资金、厂房、机器、技术等生产要素支持;并且城镇集聚起来的大量人口,本身构成了工业与非农产业的巨大消费市场;城镇化的发展集聚了大量技术工人和专业人才,对八师石河子市的现代工业发展提供了必要的人力资源和技术支撑;同时城镇化的发展促进了产业的集中发展,这为新型工业化提供了更高管理水平和发展水平的平台;另外城镇具备劳动力、公共生产性设施、社会事业性设施等集聚优势,可以满足工业发展在这些方面的需要,从而八师石河子市的城镇集聚效应为工业化进程提供了必要的发展条件。

(二)新型工业化与农业现代化

1. 新型工业化带动了农业现代化

多年来,农业是八师石河子市的支柱产业。但随着时代的发展,传统农业发展模式的弊端,如抗市场风险能力弱、农产品附加值低、职工群众增收渠道狭窄、农业经济持续增长的难度越来越大等问题曾一度让八师石河子市陷入困境。八师石河子市党委经过科学分析后发现困境的根结主要在于农业产业化发展缓慢。于是,八师石河子市农业产业结构调整实施坚持与产业化的总体框架相结合,与新技术、新科技的推广应用相结合,与招商引资龙头企业的基地建设相结合,与集约化经营、分流大田劳动力相结合,与两用地的充分利用相结合的战略,确立了全新的农业发展思路:用抓工业的思路抓农业,以培育特色产业和产品为抓手,以提高农产品加工水平为方向,以延伸农业产业链为重点,以工业化的组织方式为手段，将农产品的生产、加工、营销作为一个整体，实现一体化经营。同时着力加大招商引资力度，先后引进了伊利、燕京啤酒、康师傅、娃哈哈等国内知名企业。目前，八师石河子市已拥有省级以上农业产业化重点龙头企业12家，规模以上农产品加工企业80家，形成了222.7万吨食品加工能力和200万锭纺织规模。截至2012年，八师石河子市农业产业化重点企业实现工业总产值112.46亿元，实现利税5.13亿元，农产品加工产值与农业总产值之比达到0.84:1。龙头企业成为带动农业产业化的引擎，有力地推动了农业产业化进程，带动了优质商品棉基地和一批优质特色畜产品、瓜果蔬菜等农产品出口基地建设。从2006年起，农八师每年安排1000万元专项资金，用于扶持龙头企业发展和农产品基地建设。这可以从棉花、食品的例子中得以验证。棉花是八师石河子市最主要的经济作物，但由于棉花市场不稳定，超过百万亩的棉花种植规模无法形成稳定、丰厚的经济效益。八师石河子市的相关部门在经过深入调研后，逐渐转变了观念，开始发展纺织产业，让棉花在八师石河子市就地加工提高附加值，增加效益。近年来，八师石河子市紧紧抓住东南沿海纺织产业向西部转移的机遇，迅速扩大了纺织产业规模，同时推进产业升级和结构调整。江苏华芳，浙江雄峰，华孚，山东如意，沙特阿拉伯阿吉兰等一批国内外知名棉纺企业，纷纷在石河子开发区投资兴业。2012年，石河子经济技术开发区纺锭规模达到250万锭，已成为中国西部最大的棉纺织生产基地。同样的，在食品产业，自2002年成功引进首家食品企业——台湾康师傅集团以来，石河子开发区先后引入伊利集团、雨润集团、娃哈哈集团、燕京啤酒集团、旺旺集团等企业。截至目前，开发区已聚集10余家国内知名食品企业，从而使这里成为新疆种类最多、规模最大、著名品牌最集中的食品产业聚集区。如今，开发区年食品生产能力已达到222.7万吨，主要涉及乳制品、饮料、方便面、肉制品、酒类、番茄制品六大类，每年需要42万吨番茄、2万吨面粉、8万吨鲜奶、1.1万吨牛羊肉的生产原料，有效拉动了八师石河子市及周边沙湾、玛纳斯等地种养业的发展。

　　团场是八师石河子市农业产业化发展的关键,加快发展工业以带动农业产业化发展是各团场寻求突破的必由之路。各团场依托自身优势,走出了适合自己的农业产业化发展之路。石河子总场工业园区内,由江苏雨润集团投资 2.5 亿元建设的百万头牲畜屠宰加工一体化项目已投入生产。该项目是石河子总场以新型工业化带动农业产业化,实现产业联动发展的一个缩影。为推进棉花产业发展,石河子总场引进浙江雄峰集团年产 50 万锭紧密纺项目。围绕种植业结构调整,石河子总场引进了新疆隆平高科红安种业有限责任公司辣椒深加工及培育高科技辣椒新品种项目、中基公司番茄深加工项目。依托丰富的畜产品资源,石河子总场还积极引进和培育了朗德鹅良种繁育及深加工项目。经过几年的发展,一种依托项目支撑和招商引资促进农业产业化经营、新型工业化发展及产业结构调整的良性发展模式在石河子总场已基本形成。150 团地处偏远,发展工业的基础条件较为落后,但团场通过招商引资引进的企业可以落户在石河子经济技术开发区。依托大平台,寻求大发展。按照这一思路,150 团先后引进了浙江、山东、上海的 3 家棉纺企业,在石河子经济技术开发区以股份制的形式组建了新疆中圣驼铃纺织有限责任公司、新疆北斗驼铃纺织有限责任公司、新疆元福驼铃纺织有限责任公司。150 团在这 3 家公司均参股 30%,其生产、经营由引进企业负责,原料由 150 团供应。143 团组织好蟠桃产业的经营,带领职工生产出绿色、有机、高品质的蟠桃,同时做好营销工作,把蟠桃打入更远的高端市场,提高蟠桃种植效益。新疆沿天山北坡一带是适宜生产优质葡萄的地区,在 152 团 10 连新建的酿酒葡萄地里,152 团和张裕集团着眼于双方长远发展,探索科学的栽培模式,引导农工种植出绿色、有机、无公害的酿酒葡萄,张裕集团则可利用这些优质的原料生产出高档葡萄酒,从而实现产业发展、双方共赢的目标。从上述可知,八师石河子市以石河子经济技术开发区和各团场工业园区为载体,大力招商引资,主导发展棉纺织、食品、农业机械装备产业等，实现产业集群发展，极大地推动了农业产业化的发展进程，用新型工业化的先进理论指导农业产业化实践，用新型工业化的举措推进农业产业化，同时农业产业化又带动了农业现代化。

2. 农业现代化推进新型工业化的进一步发展

伴随着工业化发展的深入，八师石河子市农业产业结构不断调整，农业现代化水平不断提升。截至 2012 年，农机综合机械化水平达到 93.02%，棉花机械化采收面积达到 81.6%以上，棉花模块式储运面积达到 30%，实现牧草收割、饲喂、挤奶、粪污处理全过程机械化。职工按照"优棉、稳粮、增畜、增果"的总体要求，充分利用精量播种、模式化栽培、测土配方施肥、自动化节水滴灌、全程机械化等技术，发展现代高效农业。2012 年，籽棉总产突破 100 万吨，平均单产超过 400 千克。随着农业在国民经济中的份额逐渐变小，农牧团场剩余劳动力不断从农业部门向非农业部门转移，为新型工业化的深入发展奠定了劳动力资源。随着八师石河子市农业现代化的不断发展，优化农业产业结构、提升农业生产效率，为新型工业化发展提供基本的、多样化的原材料，进而实现农业现代化与工业化发展的协调统一。

(三) 城镇化与农业现代化

1. 农业现代化带动了城镇化的发展

长期以来，农垦经济是支撑八师石河子市经济发展的主要力量。虽然 20 世纪 90 年代以来采取了一系列的措施促进产业结构调整，但是农业一枝独秀的格局并没有根本改善。农牧团场除 152 团外，第一产业占团场生产总值的比重均超过 50%。改革开放以来，农业生产率水平持续提升，特别是近年来，八师石河子市按照"稳粮、优棉、增果、兴牧、大力发展农产品加工"的要求，高速优化农业结构，发展壮大特色产业，着力构建现代农业新格局；引导农业职工采取"田+园""田+棚""田+畜"等多种经营模式，优化农业职工内部收入结构；紧紧围绕建设全国"节水灌溉示范基地、农业机械化推广基地、现代农业示范基地"的目标和要求,积极开展高技术的研发、引进和先进实用技术的推广应用,认真落实各项优惠政策,集中力量扶强扶优龙头企业。龙头企业发展迅速,推动了农业产业化发展进程,成为引领现代农业发展的骨干力量,农业生产率水平得到了极大提高,农业现代化水平不断提升。一方面,为八师石河子市的城镇化发展提供了大量的团场劳动力,为城镇工业以及第三产业的发展提供了劳动力支持;另一方面,为城镇化建设奠定了坚实的产业支撑,提供了大量的资金支持。

2. 城镇化促进了农业现代化的发展

八师石河子市城镇地区第二、三产业的发展需要更多的农业初级产品的投入,化工、制药、餐饮服务等新兴行业的出现不仅为农业产品扩大了销路,更使农业产品的品种大大丰富。农业产品种类的丰富既提高了农业收入,还提高了农业的抗风险能力,从而促进了对农业多样化发展的需求及农业内部产业结构和产品结构的优化调整,促进传统农业向现代农业迈进;另外,八师石河子市城镇化的加速推进,也为转移团场农业人口、发展现代农业创造了有利条件。

四、石河子市"三化"建设的经验概括和经验总结

(一)经验概括

从以上八师石河子市"三化"建设的实践脉络分析中,始终突出新型工业化为基本动力、城镇化为载体、农业现代化为基础的发展理念,它们在各自建设发展中又有不同的侧重点。

新型工业化建设:把园区与城镇发展紧密结合起来,统筹考虑基础设施建设,促进工业向园区集中、产业向园区聚集,充分发挥新疆资源优势和石河子的产业基础,全力做大做强支柱产业,积极拓展新兴产业,逐步形成产业链完善、集群化程度高、主导作用更加明显的工业体系。

城镇化建设：以石河子市为龙头、团场小城镇为基础，建设产业支撑有力、功能比较健全、配套设施比较完善，环境优美、特色鲜明、充满活力的新型城镇化体系，使城镇成为转变职工群众生产生活方式的加速器、现代文明与军垦文化的聚集地、维稳戍边的坚强堡垒。

农业现代化建设：按照"优棉、稳粮、增畜、增果"的思路，围绕龙头企业和市场需求，优化调整农业内部结构，加强优质农产品基地建设，着力发展现代高效农业，大幅度提高农业劳动生产率、土地产出率和农产品加工转化率，增强农业竞争力和可持续发展能力。

（二）经验总结

八师石河子市在"三化"建设的发展中，始终将工业化作为发展的主线，不断促进城镇化和农业现代化的发展，主要体现在以下方面：

1. 坚持把工业放在优先发展位置，并坚持走可持续发展的新型工业化道路

自2005年以来，八师石河子市正确把握经济社会发展实际，全力推动经济工作重心向加快新型工业化的发展方向转变，落实兵团在《关于加快推进新型工业化进程的决定》中提出的"搭建平台、招商引资、资源转换、形成特色、依托创新、搞活存量"和"公有制企业与非公有制企业并重、大中小型企业并重、经济发展与生态保护并重"的工作思路，加大了工业建设投入，破除工业传统发展模式，不断解放思想、大胆改革、勇于实践。工业管理机制创新调动了各类所有制发展的积极性，走出了一条具有兵团特点、八师石河子市特色的新型工业化发展道路。

在推进新型工业化进程中，八师石河子市坚持把加快技术创新作为引领工业发展、转变增长方式的关键环节，实施科技兴工战略。把发展循环经济、推动节能减排作为转变增长方式，实现可持续发展的战略重点，加大重点行业和重点企业节能降耗和治污减排的工作力度，淘汰了一批落后产能，促进了企业管理水平、

技术装备水平的提高，带动了产品结构调整和增长方式的转变。

2. 坚持实施优势资源转换战略

依托新疆矿产和垦区农副产品资源，2005 年以来八师石河子市党委明确提出充分利用自身农业和矿产资源优势，着力使化工、纺织、食品、能源、建材和农业机械制造等产业快速发展，加快工业资源聚集，通过龙头企业引领，带动农业产业化基地建设。优势产业壮大的同时提升了工业综合竞争力。

3. 坚持工业园区支撑发展不动摇

立足于"工业项目向园区集中、园区向城镇集中"的工业发展布局，不断激活园区发展动力，加大产业集群推力。利用开发区的影响力，扩大各类工业园区吸引力，增强招商引资承载力，形成的产业聚集度促进了工业规模快速壮大。

4. 坚持招商引资和重大项目建设不动摇

坚定不移地把招商引资作为加快工业发展的必由之路和重要举措，着力政策环境、服务环境和基础设施营造，突出重大项目引进和积极承接产业转移，加快产业延伸和拓展，促进产业体系的不断完善和发展。

5. 坚持加快团场工业发展不动摇

打破团场办工业难见成效的定式，吸取地方乡镇和其他各师团场发展的成功经验，推动团场工业发展步伐，形成以招商促投资、以资源促产业、以工业促调整的团场工业发展新格局。

6. 坚持启动内力和借助外力相结合的开放发展

一是坚持抓改革促发展，向改革要活力，大力推进经济体制改革和工业企业改革，通过产权制度改革，促进了企业管理体制和经营机制转变，奠定了工业经济快速发展的基础；二是积极抢抓国内外产业转移的机遇，加强招商引资，一大批知名企业落户八师石河子市，带来了项目、资金和先进的经营理念、管理经验、技术设备，提高了工业整体素质和综合实力。

五、石河子市"三化"建设实践对兵团的启示

推进"三化"协调发展,其实质是要处理好工农、城乡关系,改变"三农"在资源配置和国民收入分配中的不利地位,以"三农"为中心,建立、健全"以工促农、以城带乡"的长效机制。当前,兵团正处在新型工业化、城镇化快速发展时期,正处于传统农业向现代农业转变的关键阶段。应立足实际,借鉴八师石河子市经验,顺应现代化发展的客观规律,统筹城乡经济社会发展,走农业现代化与工业化和城镇化协调发展的道路。

(一)以政策为契机,抓住"三化"建设的良好机遇

八师石河子市在"三化"建设进程中,充分抓住国内外、自治区、兵团的发展机遇,"三化"建设取得显著的发展成果,兵团在新的历史时期正面临以下发展机遇,表现为:

1. 国内外经济转型与调整的机遇

经济全球化深入发展,科技进步成为推动世界经济增长的主要动力,国际产业调整转移和区域经济一体化进程进一步加快,为在更大范围内配置发展资源、提高利用外资质量提供了有利条件。国内外资源能源问题的突出,更加突显新疆兵团资源和区位优势地位,有利于兵团产业结构调整、变革和转型。西部新一轮大开发和19省市对口援疆的战略实施,派生出的资金等要素资源投入将转变为新疆区域经济发展的加速器,为兵团工业可持续发展、实现结构优化和产业结构升级提供了新契机。

2. 自治区、兵团发展战略实施的机遇

中央新疆工作座谈会为新疆加快经济社会发展制定了重大战略方针。国家工信部《关于促进新疆工业通信业和信息化发展的若干政策意见》明确了"新疆部分重点产业发展目录"的差别化政策。自治区党委和人民政府作出了加速经济跨

越式发展的战略部署。兵团党委明确提出加快推进新型工业化进程以及抓住国家对口援疆等契机，对兵团进行"三化"建设、着力转变经济发展方式、推进科学跨越发展提供了良好的发展机遇。

（二）贯彻"协调"理念，促进新型工业化的发展

工业化是经济社会发展不可逾越的阶段。没有工业化，就没有农业现代化，城市化和现代化就失去了基础。八师石河子市从劳动密集型工业体系为主体正逐步发展为以高新技术、先进工艺等技术密集型为特征的工业体系。重工业、新兴工业部门，使农业等基础产业发展较快，反过来又刺激工业发展，农工协调促进了城镇化发展进程。城镇化通过不断吸收农村人口改造传统农业生产方式，使农业走向现代化。三者相互协调促进了八师石河子市经济的快速发展。兵团是处于干旱和半干旱地区，并正处于工业化的加速推进时期，面临耕地少、水资源短缺、资源利用粗放、生态环境恶化等一系列形势比较严峻的问题。坚持资源节约、环境友好的理念，走科技含量高、经济效益好、资源消耗低、环境污染少、人力资源优势得到充分发挥的新型工业化道路，才能促进经济可持续发展。

（三）加快中小城镇建设和中小企业发展，推动城镇化快速发展

加快中小城镇建设，可以有效转移剩余劳动力，提高农业劳动生产率，从而推进农业现代化发展。同时，可以把农村转移出来的剩余劳动力转化为第二、三产业的劳动者，合理引导他们进入中小企业、进入城镇发展，又为城镇的发展和壮大提供了充足的人力保障。

城镇化发展和聚集主要是依托非农产业来展开的，而工业是非农产业中的主要组成部分。中小城镇是中小企业发展的重要载体，在兵团新型工业化的实现过程中，通过积极促进和扶持中小企业发展，特别是以劳动密集型产业为主的中小企业在中小城镇落户，为有效吸纳劳动力提供空间。中小企业灵活的经营机制、较强的就业创造力和市场适应能力有利于促进工业化的进程，巩固城镇化的成果。

同时不断支持、引导中小企业推动技术进步、结构调整和体制创新，提高产业间的关联度和中小企业整体素质与水平的过程，不断将中小企业融入到整个大工业体系之中，通过提高中小企业的生产集中度，把中小企业发展和小城镇建设结合起来，有效推动城镇化的快速发展。

（四）通过园区建设招商引资，实现产业集群发展，推动农业现代化进程

八师石河子市"三化"建设的一个特点是以石河子经济技术开发区和各团场工业园区为载体，大力招商引资，实现产业集群发展，龙头企业成为带动农业产业化的引擎，成为引领现代农业发展的骨干力量，有力地推动了农业现代化进程。在农业现代化发展中，农业生产率不断提高，农业人口收入也不断提高。通常情况下，收入的增加会刺激市场消费，从而为城镇中相关产业的发展创造机会。在这一发展进程中，随着城镇产业结构调整、城镇基础设施建设，城镇发展规模不断扩大，城镇化水平也不断得到提升。因此，兵团"三化"建设要做大、做好、做强园区，通过引进龙头企业，提升农业现代化水平，并以此保障工业化和城镇化的深入发展。

案例分析二　石河子总场北泉镇"三化"建设的典型性分析

一、石河子总场北泉镇简介

兵团第八师石河子总场北泉镇（以下简称"北泉镇"）位于天山北麓南缘、准噶尔盆地南缘、玛纳斯河西岸、军垦新城——石河子市北郊，地处自治区重点开发建设的"天山北坡经济带"和新疆经济最活跃的乌鲁木齐、克拉玛依、乌苏之间的"金山角"中心区域，南距"亚欧大陆桥"的石河子火车站和乌伊（乌鲁木齐至伊宁）高速公路仅9公里，东距乌鲁木齐国际机场130公里且有高速公路相

连，G312、S201、S204 三条高等级公路分别横越全场南北两端和纵贯全场南北，场镇区位优势十分明显。

石河子总场成立于 1950 年，1999 年经国务院民政部和新疆自治区人民政府批准非正式成立北泉镇人民政府，和石河子总场实行"场镇合一"的管理体制。场镇区域面积 475.76 平方公里，其中北泉镇 195.2 平方公里；耕地面积 27.3 万亩，人口 8 万人，少数民族占 3%。辖区内管辖两镇、三集、50 个基层连队（站）、文教卫生等 24 个行政事业单位以及 283 家民营企业、2439 家个体工商户，银行、税务等驻北泉镇单位共 23 家。辖区内拥有国家级农业高新技术园区、自治区级北泉乡镇工业园区、八师团场工业园区、北工业区和化工新材料园区。

北泉镇作为兵团唯一的县级建制镇，是集农林牧渔综合经营、一二三产业全面发展、党政军企一体的经济社会组织，是兵团大型农业团场之一，具有得天独厚的自然社会资源条件；既是国务院 11 个部委的全国小城镇综合改革试点镇，又是联合国开发计划署可持续发展中国项目试点镇。石河子总场北泉镇先后被国家农业部授予"改革开放三十年乡镇企业发展十佳魅力县（市）"、中国市场调查研究中心授予"中国最具投资潜力城镇""中国绿色生态城镇""全国百家科学工作者发展示范区"等称号，是石河子市和新疆生产建设兵团的重要窗口之一。

二、石河子总场北泉镇建镇以来的"三化"建设

北泉镇建制之前，没有财政税收的权限，税收额度为零。利用国企有限的纳税盈余资金进行社会建设，社会资金盈余很少或处于亏损状态；建制后，北泉镇积极响应国家号召发展小城镇，从"屯垦戍边"向"建城戍边"转变，从"农业生产"向"工商经济"转变，从"国家支持"向"招商引资"转变。通过充分利用建制镇的财政、税收政策，大力引进国内外先进技术及产业，积极培育具有地方特色的二、三产业，使镇域基础设施建设和投资兴业环境得到根本改善。地方财政积累能力和城镇经济造血功能大大提高，缓解了团场城镇发展资金短缺的问题，减轻了团场职工的兴业创业负担，实现了团场农牧经济向城镇经济的根本转型。2012 年，预计实现生产总值 28.5 亿元，同比增长 35.7%；其中一产增加值 8.5 亿元，增长 10.4%；二产增加值 11.5 亿元，增加 42.3 亿元；三产增加值 8.5 亿元，增长 63.5%；完成全社会固定资产投资 27.5 亿元，实现招商引资到位资金 15.5 亿元，三次产业结构调整到 29:40:31，实现了农林牧副渔综合经营，一二三产业全面发展，经济总量位列第八师团场前列，开创了团场跨越式发展之路，"三化"建设取得了显著效果，为兵团"三化"建设积累了宝贵经验。

（一）新型工业化与城镇化

1. 新型工业化推动了城镇化的发展

2003 年 4 月，批准第一期规划占地面积 240.13 公顷的石河子市北泉镇乡镇企业工业园区建设工作正式启动，招商引资到位资金 60 亿元，吸纳了大批中小企业入园。截至 2012 年已吸引 115 家企业入驻园区，其中规模以上企业达到了 45 家。北泉镇工业园区目前占地 220 公顷。园区内分食品工业区、纺织服装工业区、轻工业区、旅游休闲度假区等。目前，已经入住的企业有：石河子泰昆饲料有限责任公司、石河子绿大地节水设备有限责任公司、石河子天域番茄制品有限公司、农八师圣德工贸有限公司、江苏南通新源钢结构有限公司等多家企业，还有辽宁辉山乳业集团年产 10 万吨婴幼儿配方奶粉生产线等 45 家中小型企业即将入驻园区；"十二五"期间，将场镇原有的工业园区扩建为 24 平方公里的八师团场工业园区，重点发展装备制造业和新型建材产业。北泉镇工业园区乡镇企业的入驻加速了产业集群的形成，促进了二、三产业的发展，形成规模效应，进行集约化生产，近年来的经济效益不断上升，势必使得整个城镇建设的步伐进一步加快。

为合理规划城镇建设并切实保障城镇居民的正常生活，北泉镇致力于实施"低收入职工保障性住房工程"。龙泉小区、明珠花园、北泉花园、阳光花园等规范性的现代城镇居住小区拔地而起。2008—2009年，政府投资3.4亿元，新建2800套保障性廉租住房；2010年，政府投入6000万元新建保障性住房670套；2011年新建保障性住房2500套。"十二五"期间，龙泉小区将建5000套保障性住房。目前场镇居民人均住房面积达到25平方米。龙泉小区保障性住房项目建设是石河子总场北泉镇民生重点工程，小区建成后将成为总场较大的综合型住宅新区，将为这个场镇新增两万多居民，有力地推动该镇的城镇化建设。与此同时，在工业园区的带动下，北泉镇积极进行基础设施建设，使自来水管普及率达到100%，安全饮用水普及率达到100%，集中供热达到63.54%，集中排污达到70%。北泉镇小区绿化率达到35%，楼房天然气全部入户，城镇化率达到38%。

2. 城镇化促进了新型工业化的发展

总场北泉镇着力推进城镇化，城镇化水平不断提高，为中小企业发展提供必要的劳动力、资金、厂房、机器、技术等生产要素支持；同时城镇化的发展促进了产业的集中发展，这为新型工业化提供了更高管理水平和发展水平的平台；另外城镇具备劳动力、公共生产性设施、社会事业性设施等集聚优势，可以满足总场北泉镇工业发展在这些方面的需要，从而北泉镇的集聚效应为工业化进程提供了必要的发展条件。

（二）新型工业化与农业现代化

1. 新型工业化带动了农业现代化

石河子总场北泉镇依托自身优势，加快发展工业以带动农业产业化发展。近年来，石河子总场北泉镇以乡镇企业工业园区为中心，以农业科技园区和团场工业园区为两翼，辐射石河子垦区，利用科研和土地资源优势，发挥龙头企业辐射带动作用，促进了白色产业（棉花）、红色产业（加工番茄和加工辣椒）、绿色产业（蔬菜和葡萄）、畜牧业发展。例如，北泉镇工业园区内由江苏雨润集团投资2.5亿元建设的百万头牲畜屠宰加工一体化项目已投入生产，该项目是石河子总场以新型工业化带动农业产业化，实现产业联动发展的一个缩影。为推进棉花产业发展，石河子总场北泉镇引进浙江雄峰集团年产 50 万锭紧密纺项目。围绕种植业结构调整，石河子总场引进了新疆隆平高科红安种业有限责任公司辣椒深加工及培育高科技辣椒新品种项目、中基公司番茄深加工项目。依托丰富的畜产品资源，石河子总场还积极引进和培育了朗德鹅良种繁育及深加工项目。经过几年的发展，一种依托项目支撑和招商引资促进农业产业化经营进而带动农业现代化的发展模式在石河子总场北泉镇已基本形成。

2. 农业现代化推进新型工业化的进一步发展

近年来，石河子总场北泉镇按照"优棉、稳粮、增畜、增果"的方针调整农业结构，显著提升了农业现代化水平。林果业效益突显，已建成葡萄生产基地 2.7 万亩，生产商品果 3500 吨；蔬菜种植面积 3500 亩，年产蔬菜 3 万吨；畜牧业实现多元化发展，年末牲畜存栏 18.82 万头只、出栏 23.3 万头只，肉类总产 19959 吨；种植加工番茄 1 万亩，总产达 6.86 万吨；3 万亩色素椒，产量达到 6 万吨。随着北泉镇农业现代化的不断发展，农业产业结构得到不断优化、农业生产效率得到了极大提升，这为总场北泉镇工业化发展提供了基本的、多样化的原材料，促进了新型工业化的进一步发展。

（三）农业现代化与城镇化

1. 农业现代化带动了城镇化的发展

2001 年由国家科技部批准在北泉镇成立了兵团石河子市农业科技园，核心规划面积 8.06 平方公里。截止 2012 年，基地核心区科技创新型龙头企业达到 13 家，示范区国家级重点农业产业化企业达到 3 家、省级重点农业产业化企业达到 6 家、市级重点农业产业化企业达到 13 家，基地实现年产值 32 亿元，辐射带动 9025 户农工参与产业化经营，农业现代化水平不断提升。近年来，石河子总场北泉镇以国家级农业科技园区为平台，在现代农业示范区发展过程中建立了科技管理服务中心、棉花新品种繁育及高产栽培管理技术示范园、先进节水灌溉技术示范园、加工番茄优新品种繁育及高产栽培管理技术示范园、农机开发及机械化集约化生产示范园、畜牧科技示范园、葡萄新品种优质高效生产管理技术示范园、现代农业信息技术示范园、设施农业开发试验示范园。示范区总面积达 2.15 万公顷，辐射面积 24.47 万公顷，现代农业示范区育成农作物新品种 42 个，研发新技术 41 项，承担国家科技部、发改委、农业部、兵团等重大科技公关项目 300 余项，取得科技成果 132 项，获得专利 32 项，吸引了涉及棉花加工、育种、农业机械制造等行业的 50 余家企业入驻示范区，极大地促进了示范区节水产业、棉花产业、红色产业、农机制造产业和畜牧产业的技术升级；同时依托北泉镇区域内的新疆农垦科学院、石河子大学试验农场、石河子科研中心、石河子蔬菜研究所、干旱农业研究所、新疆农垦中专等多家农业科研机构，广泛开展产、学、研、用等技术合作，大大提高了农业生产率水平，推动高效农业的发展，促进团场富裕劳动力流向总场北泉镇，既为城镇工业以及第三产业发展提供劳动力支持，又为城镇化建设奠定了坚实的产业支撑，提供了大量的资金支持。

2. 城镇化促进了农业现代化的发展

总场北泉镇第二、三产业的发展需要更多的农业初级产品的投入，化工、餐饮服务等一些新兴行业的出现不仅为农业产品扩大了销路，还使农业产品的品种大大丰富。农业产品种类的丰富促进了对农业多样化发展的需求及农业内部产业结构和产品结构的优化调整，促进传统农业向现代农业的迈进。现北泉镇已经成为石河子市最大的粮、棉、瓜果、蔬菜、肉、蛋、奶、鱼等供应基地，镇区内有北疆最大的瓜果蔬菜批发市场和水产品批发市场，有国家级机采棉和节水灌溉示范基地，年产优皮棉 15540 吨；在果蔬园艺方面，由于采用绿色无公害农产品管理等新技术，每年"弗雷""无核紫""红提"等名优品种鲜食葡萄总产 4000 吨；4000 多亩蔬菜通过使用日光温室大棚、生物发酵菌等技术，总产突破 2 万吨。在科技的引领下，畜牧业保持强劲发展势头，先后建成规模化养殖小区和养殖场100多个，良种发育率达到100%，动物防疫免疫率达到100%。另外，总场北泉镇城镇化的加速推进，也为转移团场农业人口，发展现代农业创造了有利条件。

三、石河子市总场北泉镇"三化"建设的经验概括和经验总结

石河子总场北泉镇以工业化理念打造农业园区，以产业化思路调整农业结构，以品牌化战略提升农业效益，以多元化投入推动现代高效农业发展，实现国家级农业科技园区和现代农业示范区同步建设，互为支撑。

（一）经验概括

新型工业化：坚持新型工业化为支撑，北泉镇不断在适应市场、提升效益、建设园区、强化体系上下功夫，面向市场找资金、找资源、找销路，把提高效益摆在更加突出的位置，抢抓机遇，加快推进国家级农业技术园区和团场工业园区建设，加快构建现代产业体系。

农业现代化：坚持农业现代化为基础，北泉镇在调整结构、建设基地、培育龙头、管理服务上下功夫，进一步加大结构调整力度，加快推进节水灌溉示范基地、农业机械化推广基地和现代农业示范基地建设，坚持不移地推进农业产业化发展。

城镇化：坚持城镇化为载体，北泉镇不断在科学规划、做好统筹、加快推进、强化功能上下功夫，统筹好各种政策、资源、资金，处理好建新拆旧的关系，重点开发和加强城镇的基础配套功能、社会服务功能和产业聚集功能。

（二）经验总结

1. 力足做强六大支柱产业

多年来，北泉镇工业力足做强六大支柱产业：一是精细化工产业，二是纺织深加工产业，三是食品产业，四是新型建材产业，五是装备制造产业，六是生物工程产业。

2. 积极培育和引进大企业大集团

总场北泉镇依托工业园区，积极培育和引进大企业大集团，以关联度大、产业链长、技术含量高、规模效益好的企业项目，主动承接东部地区优势产业、优势企业转移，扩大引资规模，提升产业层次，壮大经济实力。

3. 集中力量扶持、培育、发展和引进一批农产品加工及商贸流通企业

按照规模大、外向型、科技含量高、辐射带动力强、有竞争力的要求，集中力量扶持、培育、发展和引进了一批农产品加工及商贸流通企业，鼓励其做大做强。以加工园区为平台，提升农副产品深加工能力，延长产业链，提升附加值，真正将农产品资源优势转化为经济优势。积极发展劳动密集型产业，增加就业岗位，转移富余农业劳动力，有效聚集石河子总场城镇人口，推动农业生产规模化经营。

4. 通过招商引资，全力打造兵团石河子国家农业科技园区

总场北泉镇通过招商引资，全力打造兵团石河子国家农业科技园区，培育和孵化现代农业企业集群，建立集高科技、多功能、信息化、产业化为一体的现代农业科技园区。

5. 调整农业结构的同时创新农业发展模式

围绕龙头企业和市场需求，调整农业结构，改变农业发展方式，大力发展畜牧业和林果业。创新农业发展模式，积极发展设施农业和休闲农业，做大做强具有比较优势的特色农业，建成了一批上规模、上档次的农业产业基地，加大了无公害蔬菜技术引进和推广力度，努力实现少数人种多数田、多数人种少数园。

四、石河子总场北泉镇"三化"建设的经验借鉴和启示

总场北泉镇在"三化"建设进程中，充分抓住国家、自治区、兵团的发展机遇，"三化"建设取得显著的发展成果，兵团在新的历史时期正面临以下发展机遇，

表现为：

（一）以政策为契机，抓住"三化"建设的良好机遇

1. 国内发展环境与政策赋予的机遇

一是我国经济社会发展趋势长期向好，中央扩内需保增长、实现经济平稳较快发展的政策将继续保持，转变经济发展方式、产业结构转型升级、经济要素布局调整优化力度加大，产业由东向西转移步伐进一步加快，为总场北泉镇招商引资、扩大产业规模、推进产业升级、提升竞争力带来了新的机遇。二是国家纺织工业振兴规划明确提出建设新疆优质棉纱棉布和棉纺织品生产基地，自治区、兵团党委已决定在北疆地区重点支持石河子纺织基地建设，将石河子建设成为西部最具特色的纺织城。天山北坡经济区发展规划正在编制之中，即将上升为国家重点支持发展区域，作为天山北坡经济区重要节点城镇，总场北泉镇发展优势明显。

2. 自治区、兵团发展战略实施的机遇

中央新疆工作座谈会为总场北泉镇实现跨越式发展、长治久安提供了难得的政策机遇，它从战略高度对实现新疆和兵团跨越式发展、长治久安进行安排和部署，进一步明确兵团在新疆发展稳定中的战略地位，指明了兵团"三化"的发展方向，出台了加大综合财力补贴力度、加快产业结构优化升级、加强基础设施建设、推进城镇化进程、提高公共服务水平、加强维稳戍边能力建设等一系列具体政策，并首次将团场纳入全国对口援疆范围，为总场北泉镇实现跨越式发展提供了前所未有的历史机遇。

（二）利用建制镇的优势，搭建以城镇化为载体的平台，促进"三化"协调发展

北泉镇之所以成为兵团"三化"建设的一个成功范例，与它选择的道路密切相关，"三化"建设较好地依托建制这一体制优势。北泉镇建制之前，没有财政税收的权限。建制后，在社会经济资金方面除了本场镇企业盈余之外还可以获得国

家的转移性财政支付,并充分利用建制镇的财政、税收政策大力引进国内外先进技术及产业,积极培育具有地方特色的第二、三产业,把城镇化与产业发展结合起来,相互促进,使城镇化成为新型工业化和农业现代化发展的载体,镇域基础设施建设和投资兴业环境得到根本改善,实现了团场农牧经济向城镇经济的根本转型。

兵团共有170个团场小城镇,除石河子总场北泉镇是国家批准的建制镇以外,其余所有城镇均属非建制镇,不享受国家赋予城镇的各种行政权限。70%的小城镇仅是形式而已,既无经济规模又无人口规模,基础设施落后,只能称之为"居民点"或"集镇"。因此,兵团应充分利用国家及自治区关于推进"三化"建设的历史机遇,在经济基础、资源环境、交通区位等市场要素良好的团场,集中规划连接城乡、沟通市场、集散物流的小城镇,积极争取国家及地方对兵团团场在建镇设市等方面的行政支持,以城镇化为突破口,以基础设施建设为切入点,把城镇化与农业产业化、团场工业化和服务业有机结合起来,促进团场富余劳动力向非农产业和城镇转移,实现"三化"协调发展。

(三)依托建制镇的良好交通条件,积极发展农业产业化和工业化

总场北泉镇处于"天山北坡经济带"中心地区,交通十分便利,东北紧临昌吉州的玛纳斯县,西与沙湾县毗邻,南隔乌伊公路与石河子市城区相接,分属石河子市和沙湾县,石河子市内有12路、20路和42路公交车可直达北泉镇。呼克公路(呼图壁—克拉玛依)、乌伊公路(乌鲁木齐—伊宁)分别从场中、场南穿过,可直达克拉玛依、乌鲁木齐等地;场部有石莫公路(石河子—莫索湾)可通往北部各团场。场内公路四通八达,各连队均有公路相连,具有地区区位优势和快捷的交通条件。因此,北泉镇"三化"建设较好地依托了这一良好的交通条件,利用周围广阔的市场,积极发展农业产业化和工业化,使城镇经济参与市场竞争,使"三化"协调发展,不但促进了当地就业,还带动了社会环境的改善。对于兵团团场来说，产业结构发展大多处于农业到工业的发展阶段，工业和第三产业发展非常薄弱，因此团场"三化"建设必须立足自身的实际，稳妥有效地抓住发展机遇。利用国家的对口支援政策优势，与相对应的省市开展合作，积极挖掘自身工业潜力，依托支援省市的各方优势开发工业园区，吸引国内外企业投资，从而增强经济发展活力，带动当地就业，促进社会发展。

（四）通过园区建设招商引资，实现产业集群发展，推动农业现代化进程

总场北泉镇"三化"建设的一个特点是以自治区级北泉镇乡镇工业园区和国家级兵团农业科技园区为载体，大力招商引资，龙头企业成为带动农业产业化的引擎和引领现代农业发展的骨干力量，有力地推动了农业现代化进程。在农业现代化发展中，农业生产率不断提高，农业人口收入也不断提高，从而为城镇中相关产业的发展创造了机会。在这一发展进程中，城镇化又带动了工业结构调整和规模化集中。就是这种强化园区建设与城镇化互动发展，提升了园区规划和建设水平，使产业发展与现代交通、物流相配套，从而建成了产业聚集的新高地，有力地推动了北泉镇工业化发展，提高了产业结构升级，带动了城镇基础设施建设。因此，兵团团场"三化"建设要做大、做好、做强园区，通过引进龙头企业，提升农业现代化水平，并以此保障工业化和城镇化的深入发展。

第六部分 兵团"三化"协调发展对策建议

根据兵团现阶段"三化"发展状况和特点,积极应对"三化"发展面临的困难和挑战,由以上"三化"协调发展的时序特征、空间特征分析及影响因素的分析结论,兵团八师石河子市和北泉镇的实践建设经验对兵团的启示。兵团"三化"协调发展既要遵循"三化"发展战略思路,也要适应新形势"三化"协调发展要求,把加快城镇化建设作为首要任务和长远大计,以城镇化为突破口,搭建平台,创造环境、聚集各类生产要素,以此推进新型工业化和农业现代化;把推进新型工业化作为城镇化和农业现代化的重要支撑,转变发展方式,促进产业升级,壮大经济实力,为城镇化发展提供内生动力,实现以工促农、以城带乡,推动农业现代化发展;把加快农业现代化建设作为推进城镇化和新型工业化的重要基础,发挥大农业优势,提高农业产业化水平,保持兵团农业全国领先地位。

一、明确"三化"协调发展战略思路

突出城镇化的先导和引领作用,以城镇化建设的推进构筑"三化"发展平台,聚集"三化"发展要素;以新型工业化和农业现代化充实"三化"发展内容,促进"三化"提质增效。城镇化要按照师建城市、团场建镇,整体规划、分步实施,成熟一个、建设一个的思路,促进人口、产业、公共资源向城镇集聚,增强城镇公共服务和居住功能。做优做强现有城市,培育发展新的城市,重点发展团场小城镇,创新兵地共建城区模式,形成与地方城镇功能互补、分工协调,具有兵团特色的城镇体系。新型工业化要立足于新疆农业和矿产资源优势以及向西开放前沿的地缘优势，以市场为导向，以兵团城市和产业园区为载体，打造结构优化、技术先进、节能环保、附加值高、吸纳就业能力强的现代产业体系和现代企业集团，形成以工业的大发展带动三次产业整体联动、城乡互动的发展格局。农业现代化要加快节水灌溉、农业机械化推广和现代农业示范"三大"基地建设，按照生产、加工、销售、服务、生态"五位一体"的思路，促进农业由生产型向经营型、传统型向现代型、数量型向效益型转变，提高土地产出率、资源利用率、加工增值率和劳动生产率，确保农产品竞争力有效提高、职工收入持续增长、团场效益显著提升、农业资源可持续利用。

在"三化"协调发展总体战略的规划下，分天山北坡经济带、南疆经济带、边境经济带、哈密特色经济区打造城镇化、新型工业化、农业现代化协调发展的战略格局。各经济带应在国家、自治区、兵团赋予的政策机遇下，充分利用各自的地缘优势、资源禀赋等逐步提升"三化"发展水平，可优先发展天山北坡经济带各师"三化"水平，以对其他经济带产生引领和示范作用。同时也要大力提升南疆经济带各师"三化"水平，适度发展边境经济带各师、哈密特色经济区十三师"三化"水平。另外，在各经济带的战略布局下，六师、八师、建工师、一师、十四师、九师和十三师要努力提高新型工业化水平，二师、五师和九师要不断提升农业现代化水平。

二、把握"三化"协调发展内在要求

产业耦合是主要内容，强化三次产业的内在互动关系，促进三次产业发展融合；产城融合是关键，区域经济发展过程就是产业发展与城市化互动过程，推动产城融合，走城市支撑产业、产业带动城市的发展道路；要素配置效益最大化是核心，在产业之间、城乡之间，合理、高效配置资源，实现经济社会效益最大化；城乡和谐是本质要求，以人为本，统筹师部城市、团场城镇、中心连队发展，重点推进基本公共服务均等化，实现城乡和谐、社会和谐；可持续发展是前提，产业发展、城乡和谐都不能以牺牲生态环境为代价。必须统筹经济发展与生态环境的关系，加强生态环保、节能减排，建设宜居家园、美丽兵团，实现可持续发展。

三、找准"三化"协调发展新的助推器

信息化贯穿"三化"，是工业化的延伸和发展，是工业化的发动机、城镇化的催化剂、农业现代化的新助力。随着信息技术日新月异，信息化或将成为促进兵团经济发展新的突破口。城镇现代化的突出特点在于信息化的有机融入。随着城镇化的快速发展，信息网络设施成为最大的投资方向之一，信息产品和服务成为最大的消费热点，信息化的广泛应用惠及千家万户。新型工业化，第一要求就是以信息化带动工业化、以工业化促进信息化。信息化是新型工业化的本质特征。兵团所处新疆自治区作为农产品和能源原材料大区，生产粗放、创新乏力、低效高耗已成为工业经济转型升级的难点，信息化为传统工业的改造提升和跨越发展提供了可能。只有持续深化生产过程智能化、生产装备数字化和经营管理网络化，以信息技术促进创新发展、智能发展、绿色发展，才能不断加快工业转型升级和经济发展方式转变。信息化是农业现代化的标志，它主导着未来一个时期农业现代化的方向和效率。信息及知识越来越成为农业生产劳动的基本资源和发展动力，信息和技术咨询服务业越来越成为整个农业结构的基础产业之一，信息化已成为推进农业科技进步的必备条件和重要手段。因此，推进"三化"协调发展，必须加快信息化步伐，着力推进信息化与工业化深度融合，促进信息化与经济建设相适应。加快信息技术在各行各业的普及应用，从区域、行业、企业三个层面促进信息化与工业化深度融合。大力发展电子商务，加快发展网络增值服务、电子金融、现代物流等新型服务业。整合涉农信息资源，扎实推进农业和农牧团场信息化，着力培育具有核心竞争力的信息产业。

四、加强"三化"协调发展配套工作

一是加强人力资源保障工作。实施人才培养工程,着力引进、培养和造就一批懂经营、善管理的发展型班子、工业人才、科技带头人及各类实用技术人才。以项目带动、交流协作、专题培训为抓手,在现代农业、煤化工、新材料、生物医药、生态环境、清洁能源等领域,实施创新型科技人才推进计划;积极探索创新人才的培养和激励机制,努力造就高素质职工队伍与人才队伍。

二是强化科技创新支撑工作。完善以企业为主体、市场为导向、产学研相结合的技术创新体系。深入实施创新型企业试点、优秀创新企业家评选等活动,引导创新人才向企业集聚;推进"协调创新",充分发挥石河子大学、塔里木大学和农垦科学院等科研院所作用,切实推动产学研用结合;建立多元科技投入体系,形成行政引导、企业主体、全社会共同参与的多元投入机制。

三是深化改革动力工作。以更大的政治勇气和智慧积极推进改革,坚决破除一切防碍"三化"建设的思想观念和体制机制弊端;大力推进团场综合改革,建立党政军企合一、党委统一领导、社政职能完善、企业市场运作的管理体制;继续推进国企改革,探索在兵团层面组建大企业大集团,推进国有资产战略性重组,努力打造"大国资"、构建"大平台","做实"中国新建集团;深入推进行政体制和事业单位改革,稳步推进资源管理体制改革;深入推进服务业、承接产业转移、向西开放等综合配套改革试点;实施更加积极主动的开放战略,在更大范围、更广领域、更高水平上参与国内外、疆内外、兵团内外的经济合作,更好地利用多个市场、多种资源。

四是加强对口援疆助力工作。继续推进全面援疆工作,完善项目管理机制;加大产业援疆、企业援疆、人才援疆、科技援疆和教育援疆力度。

五、建立"三化"协调发展议事协调管理机制

加强对"三化"协调发展的组织领导，建立、完善"三化"协调发展工作机制。兵团各级成立由主要领导任组长、分管领导为副组长、相关部门为成员的"三化"协调发展协调领导小组以及具体办事机构，制定"三化"协调发展长远规划和政策措施，确定"三化"协调发展重大事项，协调解决工作中存在的问题；在"三化"协调发展协调领导小组的领导下，建立和完善各级、各部门的"三化"协调发展联席会议制度，明确联席会议组成人员和联络员，制定联席会议制度和议事规则；加强统筹规划、协调配合，做好顶层设计，有效整合政策信息资源。保证"三化"发展规划相互衔接，跳出"就工业化论工业化、就城镇化论城镇化、就农业现代化论农业现代化"的传统思维模式，克服部门间信息不畅、各自为政、职能分散和弱化的弊端；站在国民经济全局的角度，构建"三化"之间相互促进关系，解决相互脱节难题，避免因出现"一化"发展滞后，阻碍其他"两化"发展的"梗阻"，实现"三化"发展过程的有序、顺畅"接轨"。

附录

附表1 2003－2012年兵团城镇化数据

时间	社会消费品零售总额（万元）	第三产业劳动生产率（元/人）	非农人口占总人口比重（%）	每千人拥有编制床位数（张）	每千人在校初中学生人数（人）
2003	723890.000	1.111	0.458	6.777	73.993
2004	813825.000	1.154	0.449	6.442	79.165
2005	933828.000	1.122	0.481	6.481	80.334
2006	1113810.000	1.116	0.491	6.424	81.364
2007	1301564.000	1.083	0.491	6.268	79.929
2008	1601327.000	0.967	0.497	6.267	78.664
2009	1797787.000	0.953	0.496	6.474	76.871
2010	2028683.000	0.865	0.513	6.402	73.014
2011	2427057.000	1.008	0.524	6.409	70.620
2012	2962303.000	0.777	0.550	6.325	63.860

附表2 2003－2012年兵团新型工业化数据

时间	工业产值比重（%）	人均生产总值（万元/人）	万元工业产值综合能耗（吨标准煤/万元）	第二产业劳动生产率（元/人）	专业技术人员数（万人）
2003	15.890	10222	2.350	1.253	12.370
2004	15.780	11313	1.850	1.310	12.610
2005	17.100	12900	2.100	1.293	12.560
2006	18.440	14605	1.960	1.421	12.440
2007	20.700	17088	1.723	1.507	12.450
2008	22.900	20291	1.703	1.713	12.570
2009	24.300	23734	1.840	1.781	12.430
2010	24.200	29752	1.435	1.721	11.850
2011	20.650	36993	1.539	1.721	11.800
2012	27.400	45501	1.664	1.607	11.970

附表3　2003—2012年兵团农业现代化数据

时间	第一产业就业比重（%）	粮食单产（公斤/公顷）	单位面积农业机械总动力（千瓦/公顷）	农业劳动生产率（元/人）	有效灌溉率（%）
2003	50.561	5900.000	2134.922	0.837	0.938
2004	50.465	5997.000	2240.006	0.790	0.937
2005	48.975	6292.000	2369.596	0.804	0.945
2006	49.318	6799.000	2561.290	0.767	0.941
2007	49.207	7215.000	2814.578	0.749	0.946
2008	46.964	6298.885	2919.046	0.743	0.952
2009	46.706	6894.829	3240.200	0.717	0.946
2010	45.803	7504.000	2974.116	0.790	0.864
2011	43.937	6630.000	3192.625	0.839	0.879
2012	39.360	6814.000	3419.061	0.823	0.874

附表4　2003—2012年一师城镇化数据

时间	社会消费品零售总额（万元）	第三产业劳动生产率（元/人）	非农人口占总人口比重（%）	每千人拥有编制床位数（张）	每千人在校初高中学生人数（人）
2003	42065.000	1.082	0.425	7.312	96.526
2004	54172.000	1.027	0.392	7.418	101.444
2005	60282.000	0.997	0.464	7.148	105.343
2006	66980.000	1.011	0.461	7.251	107.586
2007	94011.000	0.917	0.471	7.111	101.483
2008	116928.000	0.887	0.460	7.006	95.930
2009	133762.800	0.776	0.480	6.761	89.871
2010	158613.400	0.674	0.497	6.363	83.697
2011	225764.100	0.644	0.542	6.351	77.873
2012	328771.100	0.591	0.553	6.259	70.450

附表5 2003—2012年一师新型工业化数据

时间	工业产值比重（%）	人均生产总值（万元/人）	万元工业产值综合能耗（吨标准煤/万元）	第二产业劳动生产率（元/人）	专业技术人员数（万人）
2003	12.867	11423.000	4.000	1.478	1.250
2004	13.104	12734.000	0.510	1.566	1.270
2005	12.400	13937.000	2.560	1.466	1.291
2006	13.300	15753.828	2.380	1.652	1.280
2007	16.075	19403.008	1.578	1.890	1.275
2008	18.200	22106.385	1.632	1.814	1.270
2009	20.900	26942.064	1.735	2.143	1.224
2010	21.200	35701.130	1.338	1.975	1.200
2011	21.300	46073.425	1.433	1.606	1.216
2012	16.400	54241.781	2.034	1.297	1.232

附表6 2003—2012年一师农业现代化数据

时间	第一产业就业比重（%）	粮食单产（公斤/公顷）	单位面积农业机械总动力（千瓦/公顷）	农业劳动生产率（元/人）	有效灌溉率（%）
2003	63.707	6763.139	1975.175	0.868	0.982
2004	61.242	7409.000	2158.215	0.864	0.982
2005	61.505	7945.000	2341.381	0.899	1.000
2006	63.182	8912.000	2770.886	0.866	0.976
2007	62.465	8247.000	2791.950	0.859	0.985
2008	58.446	8797.000	3175.037	0.855	1.000
2009	58.530	8083.000	3765.277	0.849	0.934
2010	58.000	8757.000	3198.040	0.921	0.869
2011	52.370	8204.000	3475.398	0.985	0.871
2012	47.251	8386.000	3791.923	1.162	0.879

附表7 2003—2012年二师城镇化数据

时间	社会消费品零售总额（万元）	第三产业劳动生产率（元/人）	非农人口占总人口比重（%）	每千人拥有编制床位数（张）	每千人在校初高中学生人数（人）
2003	59555.000	1.108	0.466	7.573	82.118
2004	76125.000	1.115	0.498	6.872	101.631
2005	85308.000	0.997	0.521	6.778	106.425
2006	97901.000	0.996	0.541	6.712	107.060
2007	116065.000	0.944	0.533	8.083	105.828
2008	135449.000	0.890	0.527	8.086	102.587
2009	155943.000	0.792	0.520	7.907	105.107
2010	177251.000	0.783	0.516	7.953	102.140
2011	213827.300	0.778	0.544	8.172	96.985
2012	256194.300	0.655	0.595	7.913	89.472

附表8 2003—2012年二师新型工业化数据

时间	工业产值比重（%）	人均生产总值（万元/人）	万元工业产值综合能耗（吨标准煤/万元）	第二产业劳动生产率（元/人）	专业技术人员数（万人）
2003	12.501	10629.000	1.990	1.344	0.930
2004	13.323	11805.000	1.470	1.418	0.960
2005	13.300	12063.000	1.440	1.300	0.971
2006	13.100	13332.038	1.120	1.443	0.940
2007	15.190	15996.898	1.206	1.602	0.956
2008	18.500	18026.284	0.830	2.117	0.960
2009	21.800	21246.149	0.745	2.543	0.937
2010	21.500	25938.150	0.554	2.286	0.930
2011	22.800	31510.791	0.634	2.346	0.960
2012	24.400	39906.948	0.512	2.118	0.990

附表9 2003-2012年二师农业现代化数据

时间	第一产业就业比重（%）	粮食单产（公斤/公顷）	单位面积农业机械总动力（千瓦/公顷）	农业劳动生产率（元/人）	有效灌溉率（%）
2003	53.931	5904.995	2564.077	0.835	1.000
2004	54.036	4763.000	2629.408	0.811	1.000
2005	54.478	5650.000	2788.138	0.914	1.000
2006	55.028	5905.000	2969.410	0.883	1.000
2007	54.738	5864.000	3147.758	0.872	1.000
2008	54.005	5230.000	3349.369	0.807	1.000
2009	53.244	6464.000	3674.666	0.791	0.957
2010	52.571	6395.000	3315.344	0.822	0.915
2011	51.812	5417.000	3542.084	0.784	0.944
2012	47.360	5760.000	3928.656	0.866	0.983

附表10 2003-2012年三师城镇化数据

时间	社会消费品零售总额（万元）	第三产业劳动生产率（元/人）	非农人口占总人口比重（%）	每千人拥有编制床位数（张）	每千人在校初高中学生人数（人）
2003	31348.000	1.064	0.203	4.913	103.251
2004	33538.000	1.333	0.204	4.800	111.599
2005	43688.000	1.490	0.234	4.620	107.889
2006	48028.000	1.391	0.278	4.520	104.921
2007	54134.000	1.369	0.274	5.156	103.972
2008	62622.000	1.324	0.300	5.236	101.958
2009	73922.100	1.392	0.275	5.003	100.370
2010	84342.600	1.212	0.260	5.061	98.936
2011	101236.400	1.134	0.296	4.943	94.183
2012	163417.700	1.126	0.311	4.900	76.016

附表 11 2003—2012 年三师新型工业化数据

时间	工业产值比重（%）	人均生产总值（万元/人）	万元工业产值综合能耗（吨标准煤/万元）	第二产业劳动生产率（元/人）	专业技术人员数（万人）
2003	3.910	8452.000	7.920	1.594	0.670
2004	4.566	8383.000	1.750	1.735	0.700
2005	5.900	8783.000	0.770	1.492	0.700
2006	6.400	9867.810	0.400	1.571	0.690
2007	7.298	11301.395	0.387	1.542	0.727
2008	9.000	12909.652	0.362	1.816	0.750
2009	9.800	14367.050	0.473	1.611	0.749
2010	9.600	18820.621	0.884	1.473	0.730
2011	10.600	21850.540	1.984	1.511	0.698
2012	10.500	27587.154	2.331	1.332	0.701

附表 12 2003—2012 年三师农业现代化数据

时间	第一产业就业比重（%）	粮食单产（公斤/公顷）	单位面积农业机械总动力（千瓦/公顷）	农业劳动生产率（元/人）	有效灌溉率（%）
2003	72.846	5199.758	1735.072	0.916	1.000
2004	72.628	5315.000	1840.465	0.829	1.000
2005	71.959	5343.000	2082.567	0.809	1.000
2006	71.296	4948.000	2147.030	0.822	1.000
2007	69.958	5330.000	2462.233	0.821	1.000
2008	69.071	5380.000	2507.842	0.793	1.000
2009	67.728	5183.000	2953.386	0.780	0.973
2010	66.933	5662.000	2386.555	0.853	0.946
2011	64.582	4442.000	2543.597	0.855	0.977
2012	59.608	5131.000	2685.953	0.862	0.837

附表13 2003—2012年四师城镇化数据

时间	社会消费品零售总额（万元）	第三产业劳动生产率（元/人）	非农人口占总人口比重（%）	每千人拥有编制床位数（张）	每千人在校初高中学生人数（人）
2003	36447.000	1.082	0.466	6.294	73.194
2004	37999.000	1.075	0.419	6.111	74.143
2005	41685.000	1.027	0.415	6.232	73.556
2006	47409.000	1.012	0.433	6.261	74.657
2007	55792.000	0.948	0.414	6.084	75.088
2008	67536.000	0.913	0.418	6.035	77.949
2009	75699.000	0.840	0.426	6.129	79.183
2010	85019.900	0.912	0.429	6.049	77.063
2011	103812.000	0.873	0.473	5.826	73.386
2012	129751.300	0.696	0.529	5.857	69.057

附表14 2003—2012年四师新型工业化数据

时间	工业产值比重（%）	人均生产总值（万元/人）	万元工业产值综合能耗（吨标准煤/万元）	第二产业劳动生产率（元/人）	专业技术人员数（万人）
2003	25.501	9173.000	1.450	1.789	1.070
2004	26.692	10001.000	0.080	1.890	1.050
2005	28.800	10630.000	3.350	1.812	1.032
2006	31.700	12110.710	2.840	1.906	1.040
2007	32.292	13834.102	2.602	1.948	0.991
2008	34.200	16523.311	2.090	2.279	1.000
2009	36.800	20171.753	1.973	2.476	1.000
2010	36.100	24756.239	1.590	2.289	0.980
2011	36.500	30524.519	1.537	2.284	1.004
2012	39.700	38104.744	1.188	2.459	1.007

附表15　2003—2012年四师农业现代化数据

时间	第一产业就业比重（%）	粮食单产（公斤/公顷）	单位面积农业机械总动力（千瓦/公顷）	农业劳动生产率（元/人）	有效灌溉率（%）
2003	57.520	5826.444	1891.861	0.717	0.736
2004	58.127	6296.000	1899.156	0.697	0.758
2005	55.846	6222.000	1996.846	0.702	0.767
2006	56.366	6808.000	2102.755	0.679	0.766
2007	55.434	7236.000	2287.797	0.689	0.773
2008	57.100	5766.000	2278.124	0.641	0.780
2009	56.820	7251.000	2541.514	0.612	0.736
2010	57.204	7642.000	2339.567	0.614	0.692
2011	56.144	6806.000	2671.583	0.611	0.696
2012	49.944	7421.000	2808.314	0.641	0.716

附表16　2003—2012年五师城镇化数据

时间	社会消费品零售总额（万元）	第三产业劳动生产率（元/人）	非农人口占总人口比重（%）	每千人拥有编制床位数（张）	每千人在校初高中学生人数（人）
2003	27882.000	1.074	0.397	7.244	102.912
2004	30051.000	1.050	0.364	7.135	111.076
2005	33511.000	1.008	0.424	7.015	111.436
2006	36219.000	1.030	0.426	6.766	115.698
2007	40600.000	1.053	0.423	6.769	116.693
2008	46254.000	1.012	0.438	6.751	113.216
2009	54856.800	1.046	0.443	5.608	109.645
2010	63353.000	0.900	0.459	5.888	108.351
2011	77159.300	0.867	0.460	5.705	104.502
2012	98874.800	0.783	0.473	5.630	86.615

附表17　2003－2012年五师新型工业化数据

时间	工业产值比重（%）	人均生产总值（万元/人）	万元工业产值综合能耗（吨标准煤/万元）	第二产业劳动生产率（元/人）	专业技术人员数（万人）
2003	12.099	9744.000	10.060	1.130	0.600
2004	10.625	10503.000	1.140	1.121	0.620
2005	11.800	10906.000	2.840	1.212	0.647
2006	11.700	12029.508	0.520	1.180	0.650
2007	12.185	13989.004	1.544	1.285	0.655
2008	14.100	15784.225	1.428	1.417	0.650
2009	14.400	18049.240	1.279	1.468	0.642
2010	14.400	24752.724	0.971	1.553	0.620
2011	16.300	29804.466	0.856	1.936	0.627
2012	17.400	36045.147	0.625	1.372	0.613

附表18　2003－2012年五师农业现代化数据

时间	第一产业就业比重（%）	粮食单产（公斤/公顷）	单位面积农业机械总动力（千瓦/公顷）	农业劳动生产率（元/人）	有效灌溉率（%）
2003	58.654	5833.598	2645.212	0.931	1.000
2004	58.108	6523.000	2847.261	0.945	1.000
2005	56.987	6502.000	2869.723	0.941	1.000
2006	57.432	6662.000	3052.051	0.940	1.000
2007	57.904	6663.000	4684.107	0.907	1.000
2008	57.594	6451.000	4318.190	0.898	1.000
2009	57.219	6209.000	4735.696	0.869	0.966
2010	56.923	6563.000	4262.788	0.926	0.932
2011	55.928	6156.000	4842.673	0.851	0.943
2012	44.031	6659.000	5161.248	0.997	0.947

附表19 2003—2012年六师城镇化数据

时间	社会消费品零售总额（万元）	第三产业劳动生产率（元/人）	非农人口占总人口比重（%）	每千人拥有编制床位数（张）	每千人在校初高中学生人数（人）
2003	81979.000	1.214	0.408	7.675	67.521
2004	82936.000	1.199	0.384	5.303	69.816
2005	111204.000	1.133	0.405	5.386	69.654
2006	137393.000	1.130	0.412	5.246	69.681
2007	169878.000	1.205	0.439	5.115	68.131
2008	217132.000	1.147	0.478	5.266	68.335
2009	261434.900	1.081	0.481	5.413	66.221
2010	279024.000	0.893	0.481	5.639	61.580
2011	327594.800	0.824	0.506	5.468	59.311
2012	374687.100	0.785	0.544	5.437	53.274

附表20 2003—2012年六师新型工业化数据

时间	工业产值比重（%）	人均生产总值（万元/人）	万元工业产值综合能耗（吨标准煤/万元）	第二产业劳动生产率（元/人）	专业技术人员数（万人）
2003	12.400	8786.000	1.340	1.481	1.210
2004	13.200	9940.000	1.830	1.524	1.220
2005	11.900	11516.000	2.190	1.062	1.171
2006	13.700	13274.196	1.080	1.318	1.150
2007	17.512	15783.513	0.811	1.534	1.154
2008	21.500	19970.997	1.019	1.887	1.230
2009	23.100	24079.526	0.721	2.288	1.171
2010	25.100	31462.094	0.863	2.089	1.080
2011	32.000	41356.706	1.412	2.237	1.123
2012	36.400	48097.615	2.008	1.910	1.113

附表21 2003—2012年六师农业现代化数据

时间	第一产业就业比重（%）	粮食单产（公斤/公顷）	单位面积农业机械总动力（千瓦/公顷）	农业劳动生产率（元/人）	有效灌溉率（%）
2003	63.273	5993.700	2155.796	0.820	0.962
2004	61.505	5968.000	2187.463	0.805	0.958
2005	54.655	7353.000	2295.869	0.909	0.958
2006	55.743	8109.000	2366.896	0.850	0.958
2007	56.354	9261.000	3010.921	0.758	0.960
2008	54.605	7976.000	2924.512	0.690	0.989
2009	54.328	7935.000	2979.255	0.624	0.972
2010	49.091	8673.000	3038.047	0.695	0.956
2011	47.463	7993.000	3215.901	0.628	0.982
2012	42.238	7423.000	3318.220	0.649	0.965

附表22 2003—2012年七师城镇化数据

时间	社会消费品零售总额（万元）	第三产业劳动生产率（元/人）	非农人口占总人口比重（%）	每千人拥有编制床位数（张）	每千人在校初高中学生人数（人）
2003	42836.000	1.011	0.364	5.992	57.631
2004	60950.000	1.024	0.332	5.837	59.201
2005	68681.000	0.879	0.498	6.692	62.283
2006	77351.000	0.878	0.516	6.846	63.993
2007	88339.000	0.995	0.501	6.572	63.709
2008	115030.000	0.850	0.487	5.544	60.378
2009	136414.300	0.774	0.476	8.772	57.131
2010	155592.800	0.643	0.641	8.679	52.996
2011	180952.000	0.649	0.542	5.422	51.671
2012	229095.000	0.622	0.564	4.906	45.305

附表23 2003—2012年七师新型工业化数据

时间	工业产值比重（%）	人均生产总值（万元/人）	万元工业产值综合能耗（吨标准煤/万元）	第二产业劳动生产率（元/人）	专业技术人员数（万人）
2003	11.493	11912.000	3.050	1.048	1.040
2004	13.409	13490.000	2.060	1.316	1.050
2005	14.900	14006.000	8.130	1.323	1.033
2006	14.900	15601.550	4.090	1.269	1.000
2007	17.547	16188.061	3.779	1.445	1.009
2008	17.500	20010.142	3.490	1.497	0.980
2009	19.800	23081.443	4.767	1.580	0.965
2010	21.100	29779.094	2.212	1.953	0.850
2011	19.800	34841.303	1.825	1.932	0.837
2012	21.300	42449.859	3.019	1.851	0.842

附表24 2003—2012年七师农业现代化数据

时间	第一产业就业比重（%）	粮食单产（公斤/公顷）	单位面积农业机械总动力（千瓦/公顷）	农业劳动生产率（元/人）	有效灌溉率（%）
2003	51.043	6107.201	2399.063	0.974	1.000
2004	52.419	6689.000	2194.207	0.866	0.999
2005	53.904	5582.000	2296.315	0.950	0.999
2006	51.399	6260.000	2631.734	0.969	0.996
2007	51.100	6742.000	2287.784	0.832	0.996
2008	51.100	6408.000	2820.401	0.836	0.996
2009	45.345	6845.000	3034.227	0.926	0.963
2010	46.075	8917.000	2566.404	0.942	0.931
2011	43.757	7113.000	2656.701	0.937	0.942
2012	40.484	7906.000	3022.784	0.929	0.951

附表25 2003—2012年八师城镇化数据

时间	社会消费品零售总额（万元）	第三产业劳动生产率（元/人）	非农人口占总人口比重（%）	每千人拥有编制床位数（张）	每千人在校初高中学生人数（人）
2003	156021.000	0.949	0.563	6.882	43.655
2004	175825.000	0.954	0.571	6.538	47.508
2005	191452.000	0.842	0.572	6.541	48.898
2006	218058.000	0.794	0.567	6.327	50.044
2007	254824.000	0.835	0.562	5.425	47.770
2008	305789.000	0.740	0.580	5.522	47.389
2009	355021.000	0.796	0.582	5.597	45.231
2010	362649.100	0.740	0.579	4.375	43.279
2011	432166.300	0.764	0.576	6.982	41.412
2012	540294.700	0.754	0.589	6.992	37.668

附表26 2003—2012年八师新型工业化数据

时间	工业产值比重（%）	人均生产总值（万元/人）	万元工业产值综合能耗（吨标准煤/万元）	第二产业劳动生产率（元/人）	专业技术人员数（万人）
2003	22.832	10836.000	2.220	1.182	2.260
2004	22.535	11154.000	0.130	1.222	2.440
2005	27.000	12246.000	2.530	1.261	2.424
2006	28.800	14185.827	2.430	1.432	2.400
2007	30.072	16982.175	2.139	1.466	2.319
2008	31.000	20654.519	2.236	1.574	2.320
2009	31.800	24448.918	2.430	1.592	2.276
2010	31.900	32262.657	1.989	1.434	2.150
2011	34.000	38907.046	2.053	1.475	1.971
2012	34.800	48257.272	1.814	1.507	2.160

附表27 2003－2012年八师农业现代化数据

时间	第一产业就业比重（%）	粮食单产（公斤/公顷）	单位面积农业机械总动力（千瓦/公顷）	农业劳动生产率（元/人）	有效灌溉率（%）
2003	35.765	5865.520	2273.819	0.925	0.989
2004	34.801	5359.000	2520.926	0.899	0.987
2005	31.351	5556.000	2662.275	1.002	0.997
2006	32.235	6097.000	2842.387	0.968	0.998
2007	34.309	6314.000	3011.493	0.866	0.999
2008	30.202	5748.000	2884.197	0.957	0.994
2009	31.257	6086.000	3171.718	0.841	0.890
2010	29.652	6416.000	2853.739	0.988	0.786
2011	30.826	5764.000	3018.589	0.882	0.820
2012	27.113	5985.000	3193.953	0.948	0.848

附表28 2003－2012年九师城镇化数据

时间	社会消费品零售总额（万元）	第三产业劳动生产率（元/人）	非农人口占总人口比重（%）	每千人拥有编制床位数（张）	每千人在校初高中学生人数（人）
2003	20706.000	1.071	0.516	8.989	77.736
2004	23652.000	1.100	0.531	8.957	81.374
2005	29243.000	1.069	0.534	8.883	84.758
2006	29392.000	1.008	0.512	8.952	83.689
2007	34626.000	1.062	0.562	8.891	79.723
2008	39923.000	1.143	0.544	8.767	77.815
2009	44605.000	1.083	0.520	8.401	78.441
2010	51232.800	0.969	0.531	8.642	80.885
2011	55417.800	0.926	0.571	8.419	79.385
2012	64607.100	0.928	0.586	8.430	79.479

附表29　2003—2012年九师新型工业化数据

时间	工业产值比重（%）	人均生产总值（万元/人）	万元工业产值综合能耗（吨标准煤/万元）	第二产业劳动生产率（元/人）	专业技术人员数（万人）
2003	13.800	8984.000	5.680	1.881	0.400
2004	13.601	10019.000	0.400	2.086	0.420
2005	13.400	10588.000	3.640	2.093	0.423
2006	17.400	12201.265	2.270	2.621	0.410
2007	15.699	13788.306	2.220	2.298	0.410
2008	16.000	14363.220	1.489	2.603	0.410
2009	13.200	16176.370	0.968	2.707	0.379
2010	13.500	19559.906	1.034	2.870	0.360
2011	15.900	24533.984	0.910	3.023	0.367
2012	14.400	27912.407	1.052	2.675	0.380

附表30　2003—2012年九师农业现代化数据

时间	第一产业就业比重（%）	粮食单产（公斤/公顷）	单位面积农业机械总动力（千瓦/公顷）	农业劳动生产率（元/人）	有效灌溉率（%）
2003	51.677	5246.697	1485.820	0.765	0.591
2004	55.737	5434.000	1613.271	0.752	0.593
2005	57.023	5536.000	1702.620	0.782	0.611
2006	58.241	6227.000	1723.491	0.750	0.609
2007	58.774	6877.000	1841.023	0.766	0.615
2008	57.800	4742.000	1914.210	0.685	0.626
2009	59.435	7075.000	2007.785	0.734	0.648
2010	60.096	6835.000	1997.669	0.780	0.670
2011	59.227	5818.000	2149.269	0.746	0.675
2012	57.041	5119.000	2348.856	0.726	0.671

附表 31　2003—2012 年十师城镇化数据

时间	社会消费品零售总额（万元）	第三产业劳动生产率（元/人）	非农人口占总人口比重（%）	每千人拥有编制床位数（张）	每千人在校初高中学生人数（人）
2003	36600.000	1.233	0.568	7.875	101.069
2004	40697.000	1.131	0.559	8.137	112.388
2005	41880.000	0.924	0.566	7.924	114.116
2006	44211.000	0.829	0.623	7.780	118.388
2007	49805.000	0.869	0.641	7.960	112.705
2008	51941.000	0.796	0.636	8.772	112.868
2009	56400.800	0.709	0.629	8.917	118.524
2010	60475.100	0.654	0.651	8.956	118.368
2011	67615.300	0.610	0.638	8.932	117.234
2012	112692.400	0.522	0.695	8.045	102.750

附表 32　2003—2012 年十师新型工业化数据

时间	工业产值比重（%）	人均生产总值（万元/人）	万元工业产值综合能耗（吨标准煤/万元）	第二产业劳动生产率（元/人）	专业技术人员数（万人）
2003	17.390	8107.000	2.690	1.101	0.420
2004	18.568	9728.000	4.270	1.313	0.430
2005	18.600	10679.000	0.320	1.409	0.437
2006	18.400	12154.052	2.140	1.541	0.430
2007	21.101	13536.444	2.138	1.658	0.431
2008	22.200	16330.033	1.800	1.745	0.440
2009	25.000	18562.453	2.100	1.926	0.444
2010	28.300	22697.833	0.935	1.992	0.420
2011	31.600	28963.343	0.590	2.153	0.431
2012	36.200	36756.502	0.424	2.234	0.443

附表 33　2003－2012 年十师农业现代化数据

时间	第一产业就业比重（%）	粮食单产（公斤/公顷）	单位面积农业机械总动力（千瓦/公顷）	农业劳动生产率（元/人）	有效灌溉率（%）
2003	44.176	6043.840	1588.349	0.778	1.000
2004	47.227	5664.000	1669.290	0.775	1.000
2005	46.177	6380.000	1857.759	0.886	1.000
2006	45.765	6634.000	1953.477	0.935	1.000
2007	45.095	6602.000	1855.043	0.850	1.000
2008	43.331	6185.000	2287.616	0.895	1.000
2009	42.242	6926.000	3004.268	0.904	0.999
2010	41.525	7125.000	3281.263	0.893	0.999
2011	40.985	5449.000	3644.997	0.820	1.000
2012	34.893	6600.000	4001.001	0.860	1.000

附表 34　2003－2012 年建工师城镇化数据

时间	社会消费品零售总额（万元）	第三产业劳动生产率（元/人）	非农人口占总人口比重（%）	每千人拥有编制床位数（张）	每千人在校初高中学生人数（人）
2003	8265.000	0.510	0.825	1.179	72.072
2004	1919.000	0.824	1.000	2.550	93.830
2005	1950.000	0.777	1.000	2.565	64.265
2006	1792.000	0.655	1.000	1.259	100.783
2007	1927.000	0.803	0.975	3.122	120.683
2008	4046.000	0.438	1.000	2.821	114.091
2009	4744.700	0.494	1.000	2.411	121.006
2010	5514.900	0.436	0.998	2.203	111.926
2011	6919.100	0.537	0.998	2.605	107.742
2012	9978.200	0.541	0.998	2.427	105.699

附表35　2003—2012年建工师新型工业化数据

时间	工业产值比重（%）	人均生产总值（万元/人）	万元工业产值综合能耗（吨标准煤/万元）	第二产业劳动生产率（元/人）	专业技术人员数（万人）
2003	3.536	14673.000	0.944	1.160	0.620
2004	2.489	18867.000	2.950	1.023	0.480
2005	1.600	23443.000	0.410	1.043	0.463
2006	1.900	25458.095	1.110	1.065	0.480
2007	2.252	29600.263	0.870	1.028	0.531
2008	2.000	36694.633	0.766	1.164	0.630
2009	3.300	41471.781	0.772	1.133	0.687
2010	4.500	49206.296	0.715	1.191	0.680
2011	5.300	62950.636	0.568	1.100	0.718
2012	7.400	77681.427	0.340	1.101	0.738

附表36　2003—2012年建工师农业现代化数据

时间	第一产业就业比重（%）	粮食单产（公斤/公顷）	单位面积农业机械总动力（千瓦/公顷）	农业劳动生产率（元/人）	有效灌溉率（%）
2003	7.558	3841.176	2274.165	0.692	1.000
2004	0.098	0.000	0.000	0.000	0.000
2005	0.045	0.000	0.000	0.000	0.000
2006	0.038	0.000	0.000	0.000	0.000
2007	0.000	0.000	0.000	0.000	0.000
2008	0.000	2700.000	1700.000	0.000	1.000
2009	0.163	3767.000	1743.478	0.614	0.946
2010	0.277	3900.000	1475.000	0.361	0.893
2011	0.188	4688.000	1614.286	0.532	0.929
2012	0.171	4727.000	2392.857	0.586	0.929

附表37 2003—2012年十二师城镇化数据

时间	社会消费品零售总额（万元）	第三产业劳动生产率（元/人）	非农人口占总人口比重（%）	每千人拥有编制床位数（张）	每千人在校初高中学生人数（人）
2003	37470.000	1.094	0.408	3.721	108.197
2004	44413.000	1.159	0.366	3.895	79.993
2005	44589.000	1.044	0.466	3.958	82.156
2006	53340.000	0.998	0.537	3.772	80.540
2007	67567.000	1.051	0.546	3.911	79.817
2008	71006.000	0.810	0.439	3.812	77.901
2009	76146.900	0.748	0.467	3.566	73.223
2010	86530.200	0.749	0.522	3.464	69.769
2011	124261.800	0.799	0.549	3.068	67.203
2012	153149.300	0.686	0.578	3.360	68.278

附表38 2003—2012年十二师新型工业化数据

时间	工业产值比重（%）	人均生产总值（万元/人）	万元工业产值综合能耗（吨标准煤/万元）	第二产业劳动生产率（元/人）	专业技术人员数（万人）
2003	23.634	8630.000	0.920	1.231	0.230
2004	21.376	10376.000	0.830	1.211	0.260
2005	23.300	11256.000	0.780	1.319	0.257
2006	23.800	12275.632	0.570	1.634	0.250
2007	26.925	13152.578	0.441	1.641	0.260
2008	42.000	21027.357	0.527	2.358	0.270
2009	48.300	26145.197	0.385	2.469	0.277
2010	48.300	31362.834	0.441	2.430	0.270
2011	43.900	51248.571	0.513	2.216	0.279
2012	43.700	64664.366	0.773	2.239	0.287

附表39　2003-2012年十二师农业现代化数据

时间	第一产业就业比重（%）	粮食单产（公斤/公顷）	单位面积农业机械总动力（千瓦/公顷）	农业劳动生产率（元/人）	有效灌溉率（%）
2003	39.271	5984.574	2607.936	0.770	1.000
2004	41.606	7165.000	3262.929	0.747	1.000
2005	42.642	6646.000	2836.386	0.788	0.916
2006	44.664	6832.000	3640.741	0.730	0.900
2007	42.259	8859.000	4899.805	0.637	1.000
2008	42.276	6940.000	4128.320	0.497	1.000
2009	42.438	7115.000	3963.170	0.459	1.068
2010	42.211	6997.000	4876.612	0.457	1.000
2011	36.154	4500.000	4614.233	0.354	1.000
2012	28.948	5469.000	4660.968	0.408	0.638

附表40　2003-2012年十三师城镇化数据

时间	社会消费品零售总额（万元）	第三产业劳动生产率（元/人）	非农人口占总人口比重（%）	每千人拥有编制床位数（张）	每千人在校初高中学生人数（人）
2003	19357.000	0.963	0.229	9.114	37.889
2004	19102.000	1.092	0.345	9.332	85.316
2005	22517.000	1.078	0.407	9.268	82.137
2006	25773.000	1.005	0.355	10.835	83.185
2007	29509.000	0.902	0.330	9.330	86.015
2008	36157.000	0.799	0.330	11.768	83.902
2009	41611.900	0.824	0.335	11.645	78.327
2010	40865.700	0.728	0.350	11.583	73.546
2011	48377.700	0.646	0.405	10.819	62.667
2012	62555.300	0.618	0.453	10.555	54.862

附表41　2003—2012年十三师新型工业化数据

时间	工业产值比重（%）	人均生产总值（万元/人）	万元工业产值综合能耗（吨标准煤/万元）	第二产业劳动生产率（元/人）	专业技术人员数（万人）
2003	15.566	7912.000	2.170	2.187	0.400
2004	16.700	8439.000	4.280	1.707	0.370
2005	16.700	10387.000	1.420	1.808	0.357
2006	22.100	12207.013	1.790	2.158	0.370
2007	27.360	15492.057	1.489	2.348	0.374
2008	29.000	18706.553	1.255	2.421	0.360
2009	29.300	21469.501	3.540	2.352	0.353
2010	31.400	27312.523	2.108	2.201	0.340
2011	34.500	33159.457	1.997	2.434	0.350
2012	40.100	45839.908	1.653	2.078	0.377

附表42　2003—2012年十三师农业现代化数据

时间	第一产业就业比重（%）	粮食单产（公斤/公顷）	单位面积农业机械总动力（千瓦/公顷）	农业劳动生产率（元/人）	有效灌溉率（%）
2003	62.373	5681.930	3679.956	0.794	1.000
2004	61.745	5792.000	4061.284	0.785	0.928
2005	61.898	5977.000	4931.469	0.788	1.000
2006	61.171	6350.000	5225.209	0.736	0.934
2007	60.274	6752.000	4856.208	0.713	0.934
2008	57.316	6207.000	4911.281	0.719	0.916
2009	55.848	6927.000	5769.786	0.691	0.884
2010	51.472	6872.000	5083.773	0.725	0.852
2011	49.286	6167.000	5115.598	0.676	0.860
2012	42.310	6678.000	5317.837	0.674	0.906

附表43 2003—2012年十四师城镇化数据

时间	社会消费品零售总额（万元）	第三产业劳动生产率（元/人）	非农人口占总人口比重（%）	每千人拥有编制床位数（张）	每千人在校初高中学生人数（人）
2003	3700.000	1.878	0.083	5.390	205.651
2004	4100.000	1.979	0.074	5.444	50.017
2005	4600.000	1.704	0.134	4.650	65.763
2006	5103.000	1.416	0.175	4.502	70.556
2007	5610.000	1.371	0.149	5.373	63.563
2008	6390.000	1.381	0.206	3.358	69.889
2009	6629.300	1.298	0.188	4.802	58.166
2010	3470.900	1.200	0.184	4.598	54.653
2011	4267.500	1.159	0.182	4.680	44.166
2012	5566.200	0.817	0.188	4.337	47.003

附表44 2003—2012年十四师新型工业化数据

时间	工业产值比重（%）	人均生产总值（万元/人）	万元工业产值综合能耗（吨标准煤/万元）	第二产业劳动生产率（元/人）	专业技术人员数（万人）
2003	8.122	5744.000	0.000	2.469	0.090
2004	6.552	6323.000	0.000	3.199	0.090
2005	6.400	6524.000	0.000	3.242	0.100
2006	9.800	7039.961	0.000	3.849	0.090
2007	7.828	7381.225	0.000	3.509	0.099
2008	6.500	9633.706	0.187	2.516	0.120
2009	6.900	10501.434	0.131	3.060	0.126
2010	7.900	12795.068	0.072	2.907	0.130
2011	10.000	17803.940	0.019	2.738	0.129
2012	14.900	25357.774	0.011	2.253	0.143

附表45 2003—2012年十四师农业现代化数据

时间	第一产业就业比重（%）	粮食单产（公斤/公顷）	单位面积农业机械总动力（千瓦/公顷）	农业劳动生产率（元/人）	有效灌溉率（%）
2003	68.273	6429.545	2663.797	0.519	1.000
2004	70.967	5395.000	2610.127	0.475	1.000
2005	71.433	6733.000	3078.960	0.554	1.000
2006	70.950	6933.000	3296.040	0.579	1.000
2007	68.978	6389.000	3323.833	0.608	1.000
2008	66.749	4398.000	4567.076	0.670	1.000
2009	68.251	2166.000	5200.246	0.686	0.753
2010	67.940	2876.000	4857.940	0.714	0.506
2011	68.592	4725.000	4710.071	0.736	0.483
2012	65.650	4401.000	5149.763	0.832	0.483

参考文献

[1] 郝华勇. 我国新型工业化与城镇化协调发展空间分异与对策[J]. 广东行政学院学报, 2012(2).

[2] 陈耀, 周洪霞. 中国城镇化对经济增长的影响机理及其区域差异——基于省际面板数据的实证分析[J]. 当代经济管理, 2014(8).

[3] 汪浪, 曹卫东. 近10年我国城镇化与工业化协调发展研究[J]. 科学决策, 2014(2).

[4] 郝华勇. 中部六省新型工业化与城镇化协调发展评价与对策[J]. 湖南行政学院学报, 2012(1).

[5] 郭丽娟. 新型工业化与新型城镇化协调发展评价[J]. 统计与决策, 2013(11).

[6] 朱海玲, 龚曙明. 中国工业化与城镇化联动和互动的研究[J]. 统计与决策, 2010(13).

[7] 刘涛, 赵志亮. 河南省城镇化与工业化发展关系的实证分析[J]. 中国城市经济, 2011(6).

[8] 李刚, 魏佩瑶. 中国工业化与城镇化协调关系研究[J]. 经济问题探索, 2013(5).

[9] 王建锋, 雷军, 段祖亮. 新疆工业化和城镇化协调发展研究[J]. 干旱区资源与环境, 2013(9).

[10] 吴志军, 汪洋. 江西省工业化与城镇化互动协调发展研究[J]. 无锡商业职业技术学院学报, 2014(1).

[11] 周兵,高君希,吕斐. 新型工业化和新型城镇化协调发展分析——基于重庆市的实证[J]. 重庆师范大学学报（自然科学版）, 2014(2).

[12] 黄永兴,刘佩. 新型工业化与新型城镇化协调发展的空间计量分析[J]. 安徽工业大学学报（自然科学版）, 2013(4).

[13] 杜传忠,刘英基,郑丽. 基于系统耦合视角的中国工业化与城镇化协调发展实证研究[J]. 江淮论坛, 2013(1).

[14] 范轶芳,杨励雅. 基于数据包络分析的我国工业化与城镇化协调发展实证研究[J]. 兰州商学院学报, 2013(6).

[15] 李秀萍,杜漪. 绵阳市县域新型工业化与新型城镇化协调发展评价[J]. 绵阳师范学院学报, 2014(6).

[16] 刘玉. 农业现代化与城镇化协调发展研究[J]. 城市发展研究, 2007(6).

[17] 柯福艳. 统筹城乡背景下城镇化与农业现代化互促共进长效机制研究[J]. 农村经济, 2011(5).

[18] 衡杰. 安徽省新型城镇化与农业现代化关系研究[D]. 安徽财经大学, 2014.

[19] 杨迅周,黄剑波,邹涛. 河南省"三化"协调发展评价研究[J]. 河南科学, 2011(12).

[20] 董栓成. "工业化、城镇化、农业现代化"协调发展的定量分析——以河南省为例[J]. 经济研究导刊, 2011(17).

[21] 贾云赟. 城镇化、工业化、农业现代化与经济增长关系研究[J]. 城市发展研究, 2012(12).

[22] 钱丽,陈忠卫,肖仁桥. 中国区域工业化、城镇化与农业现代化耦合协调度及其影响因素研究[J]. 经济问题探索, 2012(11).

[23] 徐大伟,段姗姗,刘春燕. "三化"同步发展的内在机制与互动关系研究——基于协同学和机制设计理论[J]. 农业经济问题, 2012(2).

[24] 王贝. 中国工业化、城镇化和农业现代化关系实证研究[J]. 城市问题, 2011(9).

[25] 蔡键, 张岳恒. 农业现代化发展的内在动力：工业化与城镇化[J]. 福建农林大学学报（哲学社会科学版）, 2012(2).

[26] 夏显力, 郝晶辉. 陕西省工业化、城镇化与农业现代化互动关系的实证研究[J]. 华中农业大学学报（社会科学版）, 2013(1).

[27] 王伟. 广东城镇化、农业现代化与工业化的互动影响[J]. 湖南城市学院学报, 2014(2).

[28] 万春林, 贾敬全, 殷李松. 农业现代化、工业化和城镇化协调发展测度研究——以皖北地区为例[J]. 池州学院学报, 2014(1).

[29] 徐志华, 茅丽华, 潘卫兵. 国外"三化"发展的理论、实践及启示[J]. 农业工程, 2012(1).

[30] 毛智勇, 李志萌, 杨志诚. 我国工业化、城镇化、农业现代化协调度测评及比较[J]. 江西社会科学, 2013(7).

[31] 郝良峰, 徐和平. 贵州省城镇化、工业化与农业产业化协调发展研究[J]. 贵阳市委党校学报, 2013(3).

[32] 徐君. 中原经济区新型工业化、新型城镇化、农业现代化协调发展评价[J]. 技术经济, 2012(3).

[33] 马敏娜, 李国荣, 罗胜. 工业化、城镇化、农业现代化关联研究——以吉林省为例[J]. 税务与经济, 2013(4).

[34] 喻金田, 娄钰华, 李会涛. 中部地区"三化"协调发展评价模型构建及其分析——基于农业现代化、工业化和城镇化的考察[J]. 企业经济, 2014(2).

[35] 董梅生, 杨德才. 工业化、信息化、城镇化和农业现代化互动关系研究——基于VAR模型[J]. 农业技术经济, 2014(4).

[36] 本刊报道. 跨越式发展. 长治久安[J]. 兵团建设, 2012 (2).

[37] 胡兆璋. 抓住机遇加快兵团经济和社会发展步伐. 新疆农垦经济, 2008(5).

[38] 熊新. 河南省"三化"协调发展的模式选择与机制创新[D]. 信阳师范学院, 2013(5).

[39] 路燕, 孟俊杰, 蔡世忠. 河南省农区发展特点和"三化"协调发展路径研究[J]. 农业现代化研究, 2013(1).

[40] 王一夫. 黑龙江垦区工业化、城镇化与农业现代化协调发展水平综合评价与分析[D]. 黑龙江八一农垦大学, 2013(5).

[41] 徐志华, 茅丽华, 潘卫兵. 国外三化发展的理论实践及启示[J]. 农业工程, 2012, 2(1).

[42] 刘易斯, 二元经济论[M]. 北京: 北京经济学院出版社, 1989: 15-9.

[43] 费景汉, 拉尼斯. 劳动剩余经济的发展[M]. 北京: 经济科学出版社, 1992: 31-35.

[44] 董利民. 城市经济学[M]. 北京: 清华大学出版社, 2011(1): 50-52.

[45] 蒋和平, 黄德林. 中国农业现代化发展水平的定量综合评价[J]. 农业现代化研究, 2006(3).

[46] 冉启秀, 周兵. 新型工业化和新型城镇化化协调发展研究——基于重庆市全国统筹城乡综合配套改革试验区的实证[J]. 重庆工商大学学报, 2008(3).

[47] 李国平. 我国工业化与城镇化的协调关系分析与评估[J]. 地域研究与开发, 2008(10).

[48] 傅晨. 广东省农业现代化发展水平评价: 1999-2007[J]. 农业经济问题, 2010(5).

[49] 辛领, 蒋和平. 我国农业现代化发展水平评价指标体系的构建和测算[J]. 农业现代化研究, 2010(11).

[50] 王贝. 中国工业化、城镇化和农业现代化关系实证研究[J]. 城市科学, 2011(9).

[51] 杨迅周, 黄剑波, 邹涛. 河南省"三化"协调发展评价研究[J]. 河南科学, 2011(12).

[52] 吴旭晓. 我国中部地区城市化、工业化和农业现代化"三化"协调发展研——以赣湘鄂豫四省为例[J]. 农业现代化研究, 2012(1).

[53] 徐君. 中原经济区新型工业化、新型城镇化、农业现代化协调发展评价[J]. 技术经济, 2012(3).

[54] 谢杰. 工业化、城镇化在农业现代化进程中的门槛效应研究[J]. 农业经济问题, 2012(4).

[55] 姜会明, 王振华. 吉林省工业化、城镇化与农业现代化关系实证分析[J]. 地理科学, 2012(5).

[56] 夏春萍, 刘文清. 农业现代化与城镇化、工业化协调发展关系的实证分析——基于VAR模型的计量分析[J]. 农业技术经济, 2012(5).

[57] 金虎斌. 工业化、城镇化和农业现代化协调发展实证研究——以中原经济区为例[J]. 创新, 2012(5).

[58] 蔡世忠. 中原经济区建设中"三化"协调发展的实证研究[J]. 农业科技管理, 2012(6).

[59] 吴振明. 工业化、城镇化、农业现代化进程协调状态测度研究——以中国西部地区为例[J]. 统计与信息论坛, 2012(7).

[60] 孟俊杰, 田建民, 蔡世忠. 河南省"三化"同步发展水平测度研究[J]. 农业技术经济, 2012(8).

[61] 吴一平, 陈素云, 孙德中. 中原经济区"三化"协调路径及关键问题研究[J]. 中国农业科学, 2012(11).

[62] 夏显力，郝晶辉. 陕西省工业化、城镇化与农业现代化互动关系的实证研究[J]. 华中农业大学学报，2013(1).

[63] 丁志伟，张改素，王发曾. 中原经济区"三化"协调的内在机理与定量分析[J]. 地理科学，2013(4).

[64] 陈江龙，高金龙，卫云龙. 工业化、城镇化和农业现代化"三化融合"的内涵与机制——以江苏省为例[J]. 农业现代化研究，2013(5).

[65] 龚迎春，冯娟，罗静. 中原经济区"三化协调发展水平的时空特征研究[J]. 地域研究与开发，2013(6).

[66] 安徽省经济研究院课题组. 安徽"三化"协调发展研究[J]. 经济研究参考，2013(7).

[67] 白燕. 兵团城镇化知识读本[M]. 五家渠：新疆生产建设兵团出版社，2010.9.

[68] 卢玉文. 兵团新型工业化知识读本[M]. 五家渠：新疆生产建设兵团出版社，2010.9.

[69] 田燕秋. 兵团农业现代化知识读本[M]. 五家渠：新疆生产建设兵团出版社，2010.

[70] 朱新祥. 新疆生产建设兵团国民经济和社会发展第十二个五年规划纲要辅导读本[M]. 新疆生产建设兵团发改委，2011.5

[71] 潘新刚.转型·善治与跨越（一、二）[M]. 新疆生产建设兵团经济研究所，2011.5，2013.1.

[72] 黄斌. 研究探索创新驱动服务发展——新疆生产建设兵团软科学研究成果汇编[M]. 五家渠：新疆生产建设兵团出版社，2013.7.

[73] 中国(海南)改革发展研究院. 全面深化改革若干重大问题——30余位著名专家学者建言全面深化改革[M]. 北京：国家行政学院出版社，2013.11.

[74] 兵团加快推进新型工业化文件选编[M]. 兵团加快推进新型工业化工作领导

小组办公室，2007.8.

[75] 刘新齐在兵团党委六届十一次全委（扩大）会议上的讲话，2013.1.

[76] 安徽省经济研究院课题组. 安徽"三化"协调发展研究[J]. 经济研究参考，2013(25).

[77] 杨盛道. 河南省加快信息化建设 提升"三化"协调发展水平[N]. 河南日报，2013.2.20.